Kuchařka thajské kuchyně

Recepty plné aroma a koření

Napat Saengsawang

souhrn

Krevety s liči omáčkou 10
Smažené krevety s mandarinkou 11
Krevety s mletou omáčkou 12
Krevety s čínskými houbami 14
Smažené krevety a hrášek 15
Krevety s mangovým chutney 16
Smažené krevetové karbanátky s cibulovou omáčkou 18
Mandarinkové krevety s hráškem 19
pekingské krevety 20
Krevety s paprikou 21
Restované krevety s vepřovým masem 22
Smažené královské krevety se sherry omáčkou 23
sezamové smažené krevety 24
Dušené krevety se skořápkami 25
Smažené krevety 26
krevety tempura 27
pod gumou 27
Krevety s tofu 29
Krevety s rajčaty 30
Krevety s rajčatovou omáčkou 30
Krevety s rajčaty a chilli omáčkou 31
Smažené krevety s rajčatovou omáčkou 32
Krevety se zeleninou 34
Krevety s vodními kaštany 35
krevety wonton 35
mušle s kuřecím masem 36
Abalone s chřestem 38
Abalone s houbami 39
Abalone s ústřicovou omáčkou 40
dušené škeble 41
Mušle s fazolovými klíčky 41
Mušle se zázvorem a česnekem 42

dušené škeble	43
krabí koláčky	44
Krabí krém	45
Čínské krabí maso s listy	46
Foo Yung krab s fazolovými klíčky	47
zázvorový krab	48
Krab Lo Mein	49
Restovaný krab s vepřovým masem	50
Restované krabí maso	51
Smažené karbanátky z chobotnice	52
kantonský humr	53
smažený humr	54
Dušený humr se šunkou	55
Humr s houbami	56
Humří ocasy s vepřovým masem	57
dušený humr	58
humří hnízda	60
Mušle v omáčce z černých fazolí	61
Mušle se zázvorem	62
Dušená škeble	63
smažené ústřice	63
Ústřice se slaninou	64
Smažené ústřice se zázvorem	65
Ústřice s omáčkou z černých fazolí	66
Hřebenatky s bambusovými výhonky	67
Hřebenatky s vejci	68
Hřebenatky s brokolicí	69
Hřebenatky se zázvorem	71
mušle se šunkou	72
Míchaná vejce s mušlemi a bylinkami	73
Dušené mušle a cibule	74
Hřebenatky se zeleninou	75
Hřebenatky s pepřem	76
Chobotnice s fazolovými klíčky	77
smažená chobotnice	78
Chobotnicové balíčky	79

Smažené kalamáry 81
dušená chobotnice 82
Chobotnice se sušenými houbami 83
Chobotnice se zeleninou 84
Hovězí guláš s anýzem 85
Telecí maso s chřestem 86
Hovězí maso s bambusovými výhonky 87
Hovězí maso s bambusovými výhonky a houbami 88
Čínské dušené hovězí maso 89
Hovězí maso s fazolovými klíčky 90
Hovězí maso s brokolicí 91
Sezamové maso s brokolicí 92
Grilované maso 94
kantonské maso 95
Hovězí maso s mrkví 96
Hovězí maso s kešu oříšky 96
Hovězí pomalý hrnec 97
Hovězí maso s květákem 98
Telecí maso s celerem 99
Smažené hovězí plátky s celerem 100
Nakrájené hovězí maso s kuřecím masem a celerem 101
Maso s chilli 103
Hovězí maso s čínským zelím 104
Telecí kotleta Suey 105
hovězí maso s okurkou 106
maso chow mein 107
okurkový steak 109
Pečené hovězí kari 110
marinovaná mušle 111
Dusíme bambusové výhonky 113
Kuřecí okurka 114
Sezamové kuře 115
Liči se zázvorem 116
Červená vařená kuřecí křídla 117
Krabí maso s okurkou 118
marinované houby 119

Marinované česnekové houby	120
Krevety a květák	121
Šunkové tyčinky se sezamem	122
studené tofu	123
Kuře se slaninou	124
Kuřecí a banánové hranolky	125
Kuře se zázvorem a houbami	126
kuře a šunka	128
Grilovaná kuřecí játra	129
Krabí kuličky s vodními kaštany	130
dim sum	131
Šunka a kuřecí rolky	132
Pečená šunka točí	134
pseudo uzená ryba	135
dušené houby	137
Houby v ústřicové omáčce	138
Vepřové a salátové závitky	139
Vepřové a kaštanové karbanátky	141
vepřové kuličky	142
Vepřové a hovězí knedlíky	143
motýlí krevety	144
Čínské krevety	145
dračí mraky	146
křupavé krevety	147
Krevety se zázvorovou omáčkou	148
Závitky s krevetami a nudlemi	149
krevetový toast	151
Vepřové maso a krevety wonton se sladkokyselou omáčkou	152
Kuřecí polévka	154
Polévka z vepřového masa a fazolových klíčků	155
Abalone a houbová polévka	156
Kuřecí a chřestová polévka	158
Hovězí polévka	159
Čínská hovězí a listová polévka	160
Zelňačka	161
Pikantní hovězí polévka	162

nebeská polévka *164*
Polévka s kuřecím masem a bambusovými výhonky *165*
Kuřecí a kukuřičná polévka *166*
Kuřecí a zázvorová polévka *167*
Čínská kuřecí polévka s houbami *168*
Kuřecí polévka a rýže *169*
Kuřecí a kokosová polévka *170*
Polévka z mušlí *171*
vaječná polévka *172*
Polévka z kraba a hřebenatky *173*
krabí polévka *175*
Rybí polévka *176*
Rybí a salátová polévka *177*
Zázvorová polévka s masovými kuličkami *179*
horká a kyselá polévka *180*
Houbová polévka *181*
Houbová a zelná polévka *182*
Houbová vaječná polévka *183*
Houbová a kaštanová polévka s vodou *184*
Vepřová a houbová polévka *185*
Polévka z vepřového masa a řeřichy *186*
Vepřová okurková polévka *187*
Polévka s masovými kuličkami a nudlemi *188*
Polévka se špenátem a tofu *189*
Sladká kukuřice a krabí džus *190*
sečuánská polévka *191*
tofu polévka *193*
Ryba a tofu polévka *194*
Rajská polévka *195*
Rajčatová a špenátová polévka *196*
tuřínová polévka *197*
Polévka *198*
vegetariánská polévka *199*
řeřicha polévka *200*
Smažená ryba se zeleninou *201*
Pečená celá ryba *203*

Dušená sójová ryba *204*
Sójová ryba s ústřicovou omáčkou *205*
dušený mořský okoun *207*
Dušená ryba s houbami *208*
sladkokyselé ryby *210*
Vepřové plněné ryby *212*
Dušený pikantní kapr *214*

Krevety s liči omáčkou

Server 4

50 g / 2 oz / ¬Ω jeden šálek (univerzální)
Mouka
2,5 ml / ¬Ω lžičky soli
1 vejce, lehce rozšlehané
30 ml / 2 lžíce vody
450 g loupaných krevet
smažit olej
30 ml / 2 lžíce arašídového oleje.
2 plátky kořene zázvoru, nakrájené
30 ml / 2 lžíce vinného octa
5 ml / 1 lžička cukru
2,5 ml / ¬Ω lžičky soli
15 ml / 1 polévková lžíce sójové omáčky
200 g liči z konzervy, okapané

Šlehejte mouku, sůl, vejce a vodu, dokud nezískáte těsto, v případě potřeby přidejte. trochu vody. Promíchejte s krevetami, dokud nebudou dobře potažené. Rozehřejte olej a krevety pár minut opékejte dozlatova a křupava. Necháme okapat na kuchyňském papíru a dáme do teplé mísy. Mezitím rozehřejte olej a 1 minutu smažte zázvor. Přidejte vinný ocet, cukr, sůl a sójovou omáčku. Přidejte liči a míchejte, dokud nebude horké a potažené omáčkou. Přelijte krevety a ihned podávejte.

Smažené krevety s mandarinkou

Server 4

60 ml / 4 polévkové lžíce arašídového oleje (arašídy).
1 stroužek česneku, rozdrcený
1 plátek kořene zázvoru, nasekaný
450 g loupaných krevet
30 ml / 2 lžíce rýžového vína nebo suchého sherry 30 ml / 2 lžíce sójové omáčky
15 ml / 1 polévková lžíce kukuřičné mouky (kukuřičný škrob)
45 ml / 3 polévkové lžíce vody

Rozehřejte olej a orestujte česnek a zázvor do zlatova. Přidejte krevety a restujte 1 minutu. Přidejte víno nebo sherry a dobře promíchejte. Přidejte sójovou omáčku, kukuřičný škrob a vodu a restujte 2 minuty.

Krevety s mletou omáčkou

Server 4

5 sušených čínských hub

225 g fazolových klíčků

60 ml / 4 polévkové lžíce arašídového oleje (arašídy).

5 ml / 1 lžička soli

2 řapíkatý celer, nakrájený

4 jarní cibulky (jarní cibulky), nakrájené

2 stroužky česneku, mleté

2 plátky kořene zázvoru, nakrájené

60 ml / 4 polévkové lžíce vody

15 ml / 1 polévková lžíce sójové omáčky

15 ml / 1 polévková lžíce rýžového vína nebo suchého sherry

225 g / 8 oz Mangetout (hrášek)

225 g loupaných krevet

15 ml / 1 polévková lžíce kukuřičné mouky (kukuřičný škrob)

Houby namočte na 30 minut do teplé vody, poté slijte. Odstraňte stonky a odřízněte vršky. Fazolové klíčky spaříme 5 minut ve vroucí vodě a dobře scedíme. Rozehřejte polovinu oleje a 1 minutu opékejte sůl, celer, jarní cibulku a fazolové klíčky, poté vyjměte z pánve. Rozehřejte zbývající olej a orestujte česnek a zázvor do zlatova. Přidejte polovinu vody, sójovou omáčku, víno nebo sherry, sněhový hrášek a krevety, přiveďte k varu a 3 minuty provařte. Kukuřičný škrob a zbývající vodu rozmixujte na pastu, vmíchejte do pánve a za stálého míchání vařte, dokud omáčka nezhoustne. Zeleninu vraťte do pánve, vařte do tepla. Ihned podávejte.

Krevety s čínskými houbami

Server 4

8 sušených čínských hub
45 ml / 3 polévkové lžíce arašídového oleje (arašídy).
3 plátky kořene zázvoru, nakrájené
450 g loupaných krevet
15 ml / 1 polévková lžíce sójové omáčky
5 ml / 1 lžička soli
60 ml / 4 polévkové lžíce rybího vývaru

Houby namočte na 30 minut do teplé vody, poté slijte. Odstraňte stonky a odřízněte vršky. Rozehřejte polovinu oleje a orestujte zázvor do zlatova. Přidejte krevety, sójovou omáčku a sůl a restujte, dokud se nepotří olejem, a poté vyjměte z pánve. Zahřejte zbývající olej a smažte houby, dokud nebudou pokryty olejem. Přilijeme vývar, přivedeme k varu, přikryjeme pokličkou a 3 minuty dusíme. Vraťte krevety do pánve a míchejte, dokud se nezahřejí.

Smažené krevety a hrášek

Server 4

450 g loupaných krevet
5 ml / 1 lžička sezamového oleje
5 ml / 1 lžička soli
30 ml / 2 lžíce arašídového oleje.
1 stroužek česneku, rozdrcený
1 plátek kořene zázvoru, nasekaný
225 g mraženého nebo blanšírovaného hrášku, rozmraženého
4 jarní cibulky (jarní cibulky), nakrájené
30 ml / 2 lžíce vody
sůl a pepř

Krevety smícháme se sezamovým olejem a solí. Rozehřejte olej a smažte česnek a zázvor po dobu 1 minuty. Přidejte krevety a opékejte 2 minuty. Přidejte hrášek a 1 minutu restujte. Přidejte jarní cibulku a vodu a dochuťte solí a pepřem a podle chuti ještě trochou sezamového oleje. Před podáváním zahřejte, jemně promíchejte.

Krevety s mangovým chutney

Server 4

12 krevet

sůl a pepř

šťáva z 1 citronu

30 ml / 2 lžíce kukuřičné mouky (kukuřičný škrob)

1 mango

5 ml / 1 lžička hořčičného prášku

5 ml / 1 lžička medu

30 ml / 2 lžíce kokosové smetany

30 ml / 2 polévkové lžíce jemného kari

120 ml / 4 fl oz / ¬Ω šálek kuřecího vývaru

45 ml / 3 polévkové lžíce arašídového oleje (arašídy).

2 stroužky česneku, mleté

2 jarní cibulky (jarní cibulky), nakrájené

1 fenykl, nakrájený

100 g mangového chutney

Krevety oloupejte, ocasy nechte nedotčené. Posypte solí, pepřem a citronovou šťávou, poté posypte polovinou kukuřičného škrobu. Mango oloupejte, odřízněte dužinu od kosti a poté dužinu nakrájejte na kostičky. Smíchejte hořčici, med, kokosovou smetanu, kari, zbývající kukuřičný škrob a vývar. Rozehřejte polovinu oleje a 2 minuty opékejte česnek, jarní cibulku a fenykl. Přidejte vývar, přiveďte k varu a vařte 1 minutu. Přidejte kostky manga a horkou omáčku a prohřejte na mírném ohni, poté přeneste na teplý servírovací talíř. Zahřejte zbývající olej a krevety smažte 2 minuty. Položte na zeleninu a ihned podávejte.

Smažené krevetové karbanátky s cibulovou omáčkou

Server 4

3 vejce, lehce rozšlehaná

45 ml / 3 polévkové lžíce mouky (univerzální).

sůl a čerstvě mletý pepř

450 g loupaných krevet

smažit olej

15 ml / 1 polévková lžíce arašídového oleje (arašíd).

2 cibule, nakrájené

15 ml / 1 polévková lžíce kukuřičné mouky (kukuřičný škrob)

30 ml / 2 lžíce sójové omáčky

175 ml / 6 fl oz / ¬œ šálku vody

Smícháme vejce, mouku, sůl a pepř. Namáčejte krevety v těstíčku. Rozehřejte olej a opečte krevety do zlatova. Mezitím rozehřejte olej a 1 minutu na něm smažte cibuli. Ostatní ingredience promíchejte, dokud nezískáte pastu, přidejte cibuli a za stálého míchání vařte, dokud omáčka nezhoustne. Krevety sceďte a vložte do teplé mísy. Přelijeme omáčkou a ihned podáváme.

Mandarinkové krevety s hráškem

Server 4

60 ml / 4 polévkové lžíce arašídového oleje (arašídy).
1 stroužek česneku, nasekaný
1 plátek kořene zázvoru, nasekaný
450 g loupaných krevet
30 ml / 2 lžíce rýžového vína nebo suchého sherry
225 g mraženého hrášku, rozmraženého
30 ml / 2 lžíce sójové omáčky
15 ml / 1 polévková lžíce kukuřičné mouky (kukuřičný škrob)
45 ml / 3 polévkové lžíce vody

Rozehřejte olej a orestujte česnek a zázvor do zlatova. Přidejte krevety a restujte 1 minutu. Přidejte víno nebo sherry a dobře promíchejte. Přidejte hrášek a restujte 5 minut. Přidejte zbytek ingrediencí a restujte 2 minuty.

pekingské krevety

Server 4

30 ml / 2 lžíce arašídového oleje.

2 stroužky česneku, mleté

1 plátek kořene zázvoru, jemně nasekaný

225 g loupaných krevet

4 jarní cibulky (jarní cibulky), nakrájené na silné plátky

120 ml / 4 fl oz / ¬Ω šálek kuřecího vývaru

5 ml / 1 lžička hnědého cukru

5 ml / 1 lžička sójové omáčky

5 ml / 1 lžička hoisin omáčky

5 ml / 1 lžička omáčky Tabasco

Rozehřejte olej s česnekem a zázvorem a opékejte, dokud česnek lehce nezhnědne. Přidejte krevety a restujte 1 minutu. Přidejte pažitku a restujte 1 minutu. Přidejte zbylé ingredience, přiveďte k varu, přikryjte a za občasného míchání vařte 4 minuty. Zkontrolujte koření a pokud chcete, přidejte trochu více Tabasca.

Krevety s paprikou

Server 4

30 ml / 2 lžíce arašídového oleje.
1 zelená paprika, nakrájená na kousky
450 g loupaných krevet
10 ml / 2 lžičky kukuřičné mouky (kukuřičný škrob)
60 ml / 4 polévkové lžíce vody
5 ml / 1 lžička rýžového vína nebo suchého sherry
2,5 ml / ¬Ω lžičky soli
45 ml / 2 lžíce rajčatového protlaku √ © e (těstoviny)

Rozehřejte olej a 2 minuty opékejte papriku. Přidejte krevety a rajčatovou pastu a dobře promíchejte. Vodu z kukuřičné mouky, víno nebo sherry a sůl smíchejte na pastu, vmíchejte do pánve a za stálého míchání vařte, dokud není omáčka čirá a nezhoustne.

Restované krevety s vepřovým masem

Server 4

225 g loupaných krevet

100 g libového vepřového masa, mletého

60 ml / 4 lžíce rýžového vína nebo suchého sherry

1 vaječný bílek

45 ml / 3 lžíce kukuřičné mouky (kukuřičný škrob)

5 ml / 1 lžička soli

15 ml / 1 polévková lžíce vody (volitelně)

90 ml / 6 lžic arašídového oleje.

45 ml / 3 polévkové lžíce rybího vývaru

5 ml / 1 lžička sezamového oleje

Vložte krevety a vepřové maso do samostatných misek. Smíchejte 45 ml / 3 polévkové lžíce vína nebo sherry, vaječný bílek, 30 ml / 2 polévkové lžíce kukuřičného škrobu a sůl do hladka, v případě potřeby přidejte vodu. Směs rozdělte mezi vepřové maso a krevety a dobře promíchejte, aby byla rovnoměrná. Rozehřejte olej a pár minut smažte vepřové maso a krevety dozlatova. Vyjměte z pánve a nalijte vše kromě 15 ml/1 polévkovou lžíci oleje. Přidejte vývar do pánve se zbytkem vína nebo sherry a kukuřičným škrobem. Přiveďte k varu a za stálého míchání vařte, dokud omáčka nezhoustne. Nalijte na krevety a vepřové maso a podávejte pokapané sezamovým olejem.

Smažené královské krevety se sherry omáčkou

Server 4

50 g / 2 oz / ¬Ω šálek univerzální mouky.

2,5 ml / ¬Ω lžičky soli

1 vejce, lehce rozšlehané

30 ml / 2 lžíce vody

450 g loupaných krevet

smažit olej

15 ml / 1 polévková lžíce arašídového oleje (arašíd).

1 cibule, nakrájená nadrobno

45 ml / 3 lžíce rýžového vína nebo suchého sherry

15 ml / 1 polévková lžíce sójové omáčky

120 ml / 4 fl oz / ¬Ω šálek rybího vývaru

10 ml / 2 lžičky kukuřičné mouky (kukuřičný škrob)

30 ml / 2 lžíce vody

Šlehejte mouku, sůl, vejce a vodu, dokud nezískáte těsto, v případě potřeby přidejte. trochu vody. Promíchejte s krevetami, dokud nebudou dobře potažené. Rozehřejte olej a krevety pár minut opékejte dozlatova a křupava. Necháme okapat na kuchyňském papíru a dáme do teplé mísy. Mezitím rozehřejeme olej a orestujeme cibuli do měkka. Přidejte víno nebo sherry, sójovou omáčku a vývar, přiveďte k varu a vařte 4 minuty. Vmícháme kukuřičnou krupici a vodu, dokud se nevytvoří pasta, vmícháme na pánev a za stálého míchání dusíme, dokud není omáčka čirá a nezhoustne. Omáčkou přelijeme krevety a podáváme.

sezamové smažené krevety

Server 4

450 g loupaných krevet

¬Ω vaječný bílek

5 ml / 1 lžička sójové omáčky

5 ml / 1 lžička sezamového oleje

50 g / 2 oz / ¬Ω šálek kukuřičné mouky (kukuřičný škrob)

sůl a čerstvě mletý bílý pepř

smažit olej

60 ml / 4 polévkové lžíce sezamových semínek

Listy salátu

Krevety smícháme s bílkem, sójovou omáčkou, sezamovým olejem, kukuřičným škrobem, solí a pepřem. Pokud je směs příliš hustá, přidejte trochu vody. Rozehřejte olej a krevety pár minut opékejte, dokud lehce nezhnědnou. Mezitím krátce opečte sezamová semínka na suché pánvi do zlatova. Krevety sceďte a smíchejte se sezamovými semínky. Podávejte na salátovém lůžku.

Dušené krevety se skořápkami

Server 4

60 ml / 4 polévkové lžíce arašídového oleje (arašídy).

750 g / 1¬Ω lb vyloupaných krevet

3 jarní cibulky (jarní cibulky), nakrájené

3 plátky kořene zázvoru, nakrájené

2,5 ml / ¬Ω lžičky soli

15 ml / 1 polévková lžíce rýžového vína nebo suchého sherry

120 ml / 4 fl oz / ¬Ω šálek kečupu (kečup)

15 ml / 1 polévková lžíce sójové omáčky

15 ml / 1 polévková lžíce cukru

15 ml / 1 polévková lžíce kukuřičné mouky (kukuřičný škrob)

60 ml / 4 polévkové lžíce vody

Zahřejte olej a smažte krevety po dobu 1 minuty, pokud jsou vařené, nebo do růžova, pokud jsou syrové. Přidejte jarní cibulku, zázvor, sůl a víno nebo sherry a restujte 1 minutu. Přidejte kečup, sójovou omáčku a cukr a restujte 1 minutu. Smíchejte kukuřičný škrob a vodu, nalijte do pánve a vařte za stálého míchání, dokud omáčka nezesvětlí a nezhoustne.

Smažené krevety

Server 4

75 g / 3 unce / vrchovatý ¬ šálek kukuřičné mouky (kukuřičný škrob)

1 vaječný bílek

5 ml / 1 lžička rýžového vína nebo suchého sherry

Sůl

350 g loupaných krevet

smažit olej

Kukuřičný škrob, bílek, víno nebo sherry a špetku soli vyšleháme do hustého těsta. Namáčejte krevety v těstíčku, dokud nejsou dobře potažené. Rozehřejte olej, dokud nebude horký a krevety pár minut opékejte dozlatova. Vyjměte z oleje, zahřejte, dokud nebude horký, a poté krevety znovu smažte, dokud nejsou křupavé a dozlatova.

krevety tempura

Server 4

450 g loupaných krevet
30 ml / 2 lžíce mouky (univerzální).
30 ml / 2 lžíce kukuřičné mouky (kukuřičný škrob)
30 ml / 2 lžíce vody
2 rozšlehaná vejce
smažit olej

Krevety na vnitřním oblouku rozpůlíme a rozevřeme tak, aby vznikl motýl. Mouku, kukuřičný škrob a vodu smíchejte v těsto, poté přidejte vejce. Rozehřejte olej a opečte krevety do zlatova.

pod gumou

Server 4

30 ml / 2 lžíce arašídového oleje.
2 jarní cibulky (jarní cibulky), nakrájené
1 stroužek česneku, rozdrcený

1 plátek kořene zázvoru, nasekaný
100 g kuřecích prsou, nakrájených na nudličky
100 g šunky, nakrájené na nudličky
100 g bambusových výhonků nakrájených na proužky
100 g vodních kaštanů nakrájených na proužky
225 g loupaných krevet
30 ml / 2 lžíce sójové omáčky
30 ml / 2 lžíce rýžového vína nebo suchého sherry
5 ml / 1 lžička soli
5 ml / 1 lžička cukru
5 ml / 1 lžička kukuřičné mouky (kukuřičný škrob)

Rozpálíme olej a orestujeme na něm jarní cibulku, česnek a zázvor do zlatova. Přidejte kuře a restujte 1 minutu. Přidejte šunku, bambusové výhonky a vodní kaštany a restujte 3 minuty. Přidejte krevety a restujte 1 minutu. Přidejte sójovou omáčku, víno nebo sherry, sůl a cukr a restujte 2 minuty. Smíchejte kukuřičný škrob s trochou vody, nalijte do pánve a vařte na mírném ohni za míchání 2 minuty.

Krevety s tofu

Server 4

45 ml / 3 polévkové lžíce arašídového oleje (arašídy).
225 g tofu nakrájeného na kostičky
1 jarní cibulka (cibulka), nakrájená
1 stroužek česneku, rozdrcený
15 ml / 1 polévková lžíce sójové omáčky
5 ml / 1 lžička cukru
90 ml / 6 lžic rybího vývaru
225 g loupaných krevet
15 ml / 1 polévková lžíce kukuřičné mouky (kukuřičný škrob)
45 ml / 3 polévkové lžíce vody

Rozehřejte polovinu oleje a tofu opečte, dokud lehce nezhnědne, poté vyjměte z pánve. Rozehřejte zbývající olej a orestujte jarní cibulku a česnek do zlatova. Přidejte sójovou omáčku, cukr a vývar a přiveďte k varu. Přidejte krevety a na mírném ohni míchejte 3 minuty. Kukuřičnou krupici a vodu rozmixujte na pastu, vmíchejte do pánve a za stálého míchání vařte, dokud omáčka nezhoustne. Tofu vrátíme do pánve a dusíme, dokud se neprohřeje.

Krevety s rajčaty

Server 4

2 bílky
30 ml / 2 lžíce kukuřičné mouky (kukuřičný škrob)
5 ml / 1 lžička soli
450 g loupaných krevet
smažit olej
30 ml / 2 lžíce rýžového vína nebo suchého sherry
225 g rajčat, oloupaných, zbavených semínek a nakrájených

Smíchejte bílky, kukuřičný škrob a sůl. Přidejte krevety, dokud nebudou dobře obalené. Zahřejte olej a smažte krevety, dokud nebudou vařené. Nalijte vše kromě 15 ml/1 polévkovou lžíci oleje a zahřejte. Přidejte víno nebo sherry a rajčata a přiveďte k varu. Přidejte krevety a před podáváním rychle prohřejte.

Krevety s rajčatovou omáčkou

Server 4

30 ml / 2 lžíce arašídového oleje.
1 stroužek česneku, rozdrcený
2 plátky kořene zázvoru, nakrájené

2,5 ml / ¬Ω lžičky soli

15 ml / 1 polévková lžíce rýžového vína nebo suchého sherry

15 ml / 1 polévková lžíce sójové omáčky

6 ml / 4 polévkové lžíce kečupu (kečup)

120 ml / 4 fl oz / ¬Ω šálek rybího vývaru

350 g loupaných krevet

10 ml / 2 lžičky kukuřičné mouky (kukuřičný škrob)

30 ml / 2 lžíce vody

Rozehřejte olej a 2 minuty opékejte česnek, zázvor a sůl. Přidejte víno nebo sherry, sójovou omáčku, kečup a vývar a přiveďte k varu. Přidejte krevety, přikryjte a vařte 2 minuty. Kukuřičnou krupici a vodu rozmixujte na těstíčko, nalijte do pánve a na mírném ohni za stálého míchání vařte, dokud omáčka nezjasní a nezhoustne.

Krevety s rajčaty a chilli omáčkou

Server 4

60 ml / 4 polévkové lžíce arašídového oleje (arašídy).

15 ml / 1 polévková lžíce mletého zázvoru

15 ml / 1 polévková lžíce mletého česneku

15 ml / 1 polévková lžíce nasekané pažitky

60 ml / 4 lžíce rajčatového protlaku √ © e (těstoviny)

15 ml / 1 polévková lžíce horké omáčky

450 g loupaných krevet

15 ml / 1 polévková lžíce kukuřičné mouky (kukuřičný škrob)

15 ml / 1 polévková lžíce vody

Rozehřejte olej a 1 minutu opékejte zázvor, česnek a jarní cibulku. Přidejte rajčatovou pastu a horkou omáčku a dobře promíchejte. Přidejte krevety a opékejte 2 minuty. Smíchejte kukuřičnou mouku a vodu do hladka, vmíchejte do pánve a vařte, dokud omáčka nezhoustne. Ihned podávejte.

Smažené krevety s rajčatovou omáčkou

Server 4

50 g / 2 oz / ¬Ω šálek univerzální mouky.

2,5 ml / ¬Ω lžičky soli

1 vejce, lehce rozšlehané

30 ml / 2 lžíce vody

450 g loupaných krevet

smažit olej

30 ml / 2 lžíce arašídového oleje.

1 cibule, nakrájená nadrobno

2 plátky kořene zázvoru, nakrájené

75 ml / 5 lžic kečupu (kečup)

10 ml / 2 lžičky kukuřičné mouky (kukuřičný škrob)

30 ml / 2 lžíce vody

Šlehejte mouku, sůl, vejce a vodu, dokud nezískáte těsto, v případě potřeby přidejte. trochu vody. Promíchejte s krevetami, dokud nebudou dobře potažené. Rozehřejte olej a krevety pár minut opékejte dozlatova a křupava. Nechte okapat na kuchyňském papíru.

Mezitím rozehřejte olej a orestujte na něm cibuli a zázvor do měkka. Přidejte kečup a vařte 3 minuty. Kukuřičnou krupici a vodu rozmixujte na pastu, vmíchejte do pánve a za stálého míchání vařte, dokud omáčka nezhoustne. Přidejte krevety na pánev a vařte, dokud se nezahřejí. Ihned podávejte.

Krevety se zeleninou

Server 4

15 ml / 1 polévková lžíce arašídového oleje (arašíd).

225 g / 8 oz růžičky brokolice

225 g žampionů

225 g bambusových výhonků, nakrájených na plátky

450 g loupaných krevet

120 ml / 4 fl oz / ¬Ω šálek kuřecího vývaru

5 ml / 1 lžička kukuřičné mouky (kukuřičný škrob)

5 ml / 1 lžička ústřicové omáčky

2,5 ml / ¬Ω lžičky cukru

2,5 ml / ¬Ω lžičky strouhaného kořene zázvoru

špetka čerstvě mletého pepře

Rozehřejte olej a brokolici opékejte 1 minutu. Přidejte houby a bambusové výhonky a restujte 2 minuty. Přidejte krevety a opékejte 2 minuty. Smíchejte ostatní ingredience a přidejte ke směsi krevet. Za stálého míchání přiveďte k varu a za stálého míchání vařte 1 minutu.

Krevety s vodními kaštany

Server 4

60 ml / 4 polévkové lžíce arašídového oleje (arašídy).
1 stroužek česneku, nasekaný
1 plátek kořene zázvoru, nasekaný
450 g loupaných krevet
30 ml / 2 lžíce rýžového vína nebo suchého sherry 225 g / 8 oz
vodní kaštany, nakrájené na plátky
30 ml / 2 lžíce sójové omáčky
15 ml / 1 polévková lžíce kukuřičné mouky (kukuřičný škrob)
45 ml / 3 polévkové lžíce vody

Rozehřejte olej a orestujte česnek a zázvor do zlatova. Přidejte krevety a restujte 1 minutu. Přidejte víno nebo sherry a dobře promíchejte. Přidejte vodní kaštany a restujte 5 minut. Přidejte zbytek ingrediencí a restujte 2 minuty.

krevety wonton

Server 4

450 g oloupaných krevet, nakrájených
225 g nakrájené míchané zeleniny
15 ml / 1 polévková lžíce sójové omáčky
2,5 ml / ¬Ω lžičky soli
pár kapek sezamového oleje
40 wonton skinů
smažit olej

Smíchejte krevety, zeleninu, sójovou omáčku, sůl a sezamový olej.

Pro složení wontonů uchopte kůži do levé dlaně a doprostřed nalijte trochu náplně. Okraje navlhčete vajíčkem a složte kůži do trojúhelníku, okraje utěsněte. Rohy navlhčete vajíčkem a srolujte je k sobě.

Rozehřejte olej a smažte wontony po několika do zlatova. Před podáváním dobře sceďte.

mušle s kuřecím masem

400 g konzervované mušle

30 ml / 2 lžíce arašídového oleje.

100 g kuřecích prsou nakrájených na kostičky

100 g bambusových výhonků, nakrájených na plátky

250 ml / 8 fl oz / 1 šálek rybího vývaru

15 ml / 1 polévková lžíce rýžového vína nebo suchého sherry

5 ml / 1 lžička cukru

2,5 ml / ¬Ω lžičky soli

15 ml / 1 polévková lžíce kukuřičné mouky (kukuřičný škrob)

45 ml / 3 polévkové lžíce vody

Sceďte a nakrájejte mušle, šťávu si vyhraďte. Rozpálíme olej a kuře opečeme, dokud nezíská světlou barvu. Přidejte mušle a bambusové výhonky a restujte 1 minutu. Přidejte vývar z mušlí, vývar, víno nebo sherry, cukr a sůl, přiveďte k varu a vařte 2 minuty. Kukuřičnou krupici a vodu smícháme na pastu a za stálého míchání dusíme, dokud omáčka nezesvětlí a nezhoustne. Ihned podávejte.

Abalone s chřestem

Server 4

10 sušených čínských hub
30 ml / 2 lžíce arašídového oleje.
15 ml / 1 polévková lžíce vody
225 g chřestu
2,5 ml / ¬Ω lžička rybí omáčky
15 ml / 1 polévková lžíce kukuřičné mouky (kukuřičný škrob)
225 g / 8 oz plechovka ušně, nakrájené na plátky
60 ml / 4 polévkové lžíce vývaru
¬Ω malá mrkev, nakrájená na plátky
5 ml / 1 lžička sójové omáčky
5 ml / 1 lžička ústřicové omáčky
5 ml / 1 lžička rýžového vína nebo suchého sherry

Houby namočte na 30 minut do teplé vody, poté slijte. Vyhoďte stonky. Zahřejte 15 ml / 1 polévkovou lžíci oleje s vodou a kloboučky hub opékejte 10 minut. Mezitím uvařte chřest ve vroucí vodě s rybí omáčkou a 1 lžičkou/5 ml kukuřičného škrobu do měkka. Dobře je sceďte a uložte do teplé misky s houbami. Udržujte je v teple. Zahřejte zbývající olej a pár sekund opékejte mušle, poté přidejte vývar, mrkev, sójovou omáčku, ústřicovou omáčku, víno nebo sherry a zbývající kukuřičný škrob. Vařte asi 5 minut, dokud se neuvaří, poté přidejte chřest a podávejte.

Abalone s houbami

Server 4

6 sušených čínských hub
400 g konzervované mušle
45 ml / 3 polévkové lžíce arašídového oleje (arašídy).
2,5 ml / ¬Ω lžičky soli
15 ml / 1 polévková lžíce rýžového vína nebo suchého sherry
3 jarní cibulky (jarní cibulky), nakrájené na silné plátky

Houby namočte na 30 minut do teplé vody, poté slijte. Odstraňte stonky a odřízněte vršky. Sceďte a nakrájejte mušle, šťávu si vyhraďte. Rozehřejte olej a 2 minuty smažte sůl a houby. Přidejte vývar z mušlí a sherry, přiveďte k varu, přikryjte a vařte 3 minuty. Přidejte mušle a jarní cibulku a vařte, dokud se neprohřeje. Ihned podávejte.

Abalone s ústřicovou omáčkou

Server 4

400 g konzervované mušle
15 ml / 1 polévková lžíce kukuřičné mouky (kukuřičný škrob)
15 ml / 1 polévková lžíce sójové omáčky
45 ml / 3 lžíce ústřicové omáčky
30 ml / 2 lžíce arašídového oleje.
50 g nakrájené uzené šunky

Vyprázdněte plechovku ušně a ponechte si 90 ml / 6 polévkových lžic tekutiny. Smíchejte to s kukuřičným škrobem, sójovou omáčkou a ústřicovou omáčkou. Rozehřejte olej a scezenou mušle opékejte 1 minutu. Přidejte směs omáčky a vařte za stálého míchání, dokud nebude horká, asi 1 minutu. Přendejte do teplé mísy a podávejte ozdobené šunkou.

dušené škeble

Server 4

24 škeblí

Mušle dobře očistěte a namočte je na několik hodin do osolené vody. Opláchněte je pod tekoucí vodou a položte je na hluboký plech. Umístěte na mřížku do paráku, přikryjte a vařte ve vroucí vodě asi 10 minut, dokud se všechny škeble neotevřou. Ty, které zůstanou zavřené, vyhoďte. Podáváme s omáčkami.

Mušle s fazolovými klíčky

Server 4

24 škeblí
15 ml / 1 polévková lžíce arašídového oleje (arašíd).
150 g fazolových klíčků
1 zelená paprika, nakrájená na proužky
2 jarní cibulky (jarní cibulky), nakrájené
15 ml / 1 polévková lžíce rýžového vína nebo suchého sherry
sůl a čerstvě mletý pepř

2,5 ml / ¬Ω lžička sezamového oleje

50 g nakrájené uzené šunky

Mušle dobře očistěte a namočte je na několik hodin do osolené vody. Opláchněte pod tekoucí vodou. Přiveďte k varu hrnec s vodou, přidejte škeble a vařte několik minut, dokud se neotevřou. Vyprázdněte a vyhoďte ty, které zůstaly zavřené. Odstraňte škeble ze skořápek.

Rozpálíme olej a 1 minutu na něm smažíme fazolové klíčky. Přidejte papriku a jarní cibulku a restujte 2 minuty. Přidejte víno nebo sherry a dochuťte solí a pepřem. Zahřejte, poté vmíchejte škeble a míchejte, dokud se dobře nespojí a nezahřeje. Přendejte do teplé misky a podávejte posypané sezamovým olejem a šunkou.

Mušle se zázvorem a česnekem

Server 4

24 škeblí

15 ml / 1 polévková lžíce arašídového oleje (arašíd).

2 plátky kořene zázvoru, nakrájené

2 stroužky česneku, mleté

15 ml / 1 polévková lžíce vody

5 ml / 1 lžička sezamového oleje

sůl a čerstvě mletý pepř

Mušle dobře očistěte a namočte je na několik hodin do osolené vody. Opláchněte pod tekoucí vodou. Zahřejte olej a smažte zázvor a česnek po dobu 30 sekund. Přidejte mušle, vodu a sezamový olej, přikryjte a vařte cca. 5 minut, dokud se škeble neotevřou. Ty, které zůstanou zavřené, vyhoďte. Lehce dochutíme solí a pepřem a ihned podáváme.

dušené škeble

Server 4

24 škeblí

60 ml / 4 polévkové lžíce arašídového oleje (arašídy).

4 stroužky česneku, nasekané

1 nakrájená cibule

2,5 ml / ¬Ω lžičky soli

Mušle dobře očistěte a namočte je na několik hodin do osolené vody. Opláchněte pod tekoucí vodou a poté osušte. Rozehřejte olej a orestujte česnek, cibuli a sůl do měkka. Přidejte škeble, přikryjte a vařte asi 5 minut, dokud se všechny skořápky neotevřou. Ty, které zůstanou zavřené, vyhoďte. Opékejte jemně další 1 minutu, potírejte olejem.

krabí koláčky

Server 4

225 g fazolových klíčků
60 ml / 4 lžíce arašídového oleje 100 g / 4 unce bambusových výhonků, nakrájených na proužky
1 nakrájená cibule
225 g krabího masa ve vločkách
4 vejce, lehce rozšlehaná
15 ml / 1 polévková lžíce kukuřičné mouky (kukuřičný škrob)
30 ml / 2 lžíce sójové omáčky
sůl a čerstvě mletý pepř

Fazolové klíčky spaříme 4 minuty ve vroucí vodě a scedíme. Rozehřejte polovinu oleje a osmažte fazolové klíčky, bambusové výhonky a cibuli do měkka. Sundejte z ohně a přidejte všechny ostatní ingredience kromě oleje. Na čisté pánvi rozehřejte zbývající olej a lžící opečte směs krabího masa, abyste vytvořili malé koláčky. Smažíme do zlatova z obou stran a ihned podáváme.

Krabí krém

Server 4

225 g krabího masa
5 rozšlehaných vajec
1 jarní cibulka (šalotka), nakrájená nadrobno
250 ml / 8 fl oz / 1 šálek vody
5 ml / 1 lžička soli
5 ml / 1 lžička sezamového oleje

Všechny ingredience dobře promíchejte. Vložte do misky, přikryjte a položte na horní část dvojitého kotle nad horkou vodou nebo na parní rošt. Vařte v páře asi 35 minut, dokud nezískáte cukrářský krém, za občasného míchání. Podáváme s rýží.

Čínské krabí maso s listy

Server 4

450 g / 1 libra čínských listů, drcených
45 ml / 3 polévkové lžíce rostlinného oleje
2 jarní cibulky (jarní cibulky), nakrájené
225 g krabího masa
15 ml / 1 polévková lžíce sójové omáčky
15 ml / 1 polévková lžíce rýžového vína nebo suchého sherry
5 ml / 1 lžička soli

Čínské listy spařte 2 minuty ve vroucí vodě, dobře sceďte a propláchněte studenou vodou. Rozpálíme olej a orestujeme jarní cibulku do zlatova. Přidejte krabí maso a restujte 2 minuty. Přidejte čínské listy a restujte 4 minuty. Přidejte sójovou omáčku, víno nebo sherry a sůl a dobře promíchejte. Přidejte vývar a kukuřičný škrob, přiveďte k varu a za stálého míchání vařte 2 minuty, dokud omáčka nezesvětlí a nezhoustne.

Foo Yung krab s fazolovými klíčky

Server 4

6 rozšlehaných vajec
45 ml / 3 lžíce kukuřičné mouky (kukuřičný škrob)
225 g krabího masa
100 g fazolových klíčků
2 jarní cibulky (jarní cibulky), nakrájené nadrobno
2,5 ml / ¬Ω lžičky soli
45 ml / 3 polévkové lžíce arašídového oleje (arašídy).

Rozklepněte vejce a poté zašlehejte kukuřičný škrob. Smíchejte všechny ostatní ingredience kromě oleje. Rozehřejte olej a po troškách nalijte směs na pánev, abyste vytvořili malé palačinky cca. 7,5 cm v průměru. Smažte zespodu dozlatova, poté otočte a opékejte druhou stranu.

zázvorový krab

Server 4

15 ml / 1 polévková lžíce arašídového oleje (arašíd).
2 plátky kořene zázvoru, nakrájené
4 jarní cibulky (jarní cibulky), nakrájené
3 stroužky česneku, nasekané
1 červená chilli papričky, nakrájená
350 g krabího masa ve vločkách
2,5 ml / ¬Ω lžičky rybí pasty
2,5 ml / ¬Ω lžička sezamového oleje
15 ml / 1 polévková lžíce rýžového vína nebo suchého sherry
5 ml / 1 lžička kukuřičné mouky (kukuřičný škrob)
15 ml / 1 polévková lžíce vody

Rozehřejte olej a 2 minuty opékejte zázvor, jarní cibulku, česnek a chilli. Přidejte krabí maso a promíchejte, dokud nebude dobře potažené kořením. Přidejte rybí pastu. Zbylé ingredience rozmixujte na pastu, poté je vlijte do pánve a 1 minutu restujte. Ihned podávejte.

Krab Lo Mein

Server 4

100 g fazolových klíčků

30 ml / 2 lžíce arašídového oleje.

5 ml / 1 lžička soli

1 cibule, nakrájená

100 g nakrájených žampionů

225 g krabího masa ve vločkách

100 g bambusových výhonků, nakrájených na plátky

Pufované nudle

30 ml / 2 lžíce sójové omáčky

5 ml / 1 lžička cukru

5 ml / 1 lžička sezamového oleje

sůl a čerstvě mletý pepř

Fazolové klíčky spařte ve vroucí vodě po dobu 5 minut, poté slijte. Rozehřejte olej a orestujte sůl a cibuli do měkka. Přidáme houby a restujeme do změknutí. Přidejte krabí maso a restujte 2 minuty. Přidejte fazolové klíčky a bambusové výhonky a restujte 1 minutu. Scezené nudle přidejte do pánve a jemně promíchejte. Smíchejte sójovou omáčku, cukr a sezamový olej a dochuťte solí a pepřem. Míchejte na pánvi, dokud nebude horká.

Restovaný krab s vepřovým masem

Server 4

30 ml / 2 lžíce arašídového oleje.
100 g mletého vepřového masa (mleté).
350 g krabího masa ve vločkách
2 plátky kořene zázvoru, nakrájené
2 vejce, lehce rozšlehaná
15 ml / 1 polévková lžíce sójové omáčky
15 ml / 1 polévková lžíce rýžového vína nebo suchého sherry
30 ml / 2 lžíce vody
sůl a čerstvě mletý pepř
4 jarní cibulky (cibulky), nakrájené na proužky

Rozehřejte olej a opékejte vepřové maso do světlé barvy. Přidejte krabí maso a zázvor a restujte 1 minutu. Spojte vejce. Přidejte sójovou omáčku, víno nebo sherry, vodu, sůl a pepř a vařte asi 4 minuty za míchání. Podáváme ozdobené pažitkou.

Restované krabí maso

Server 4

30 ml / 2 lžíce arašídového oleje.
450 g krabího masa ve vločkách
2 jarní cibulky (jarní cibulky), nakrájené
2 plátky kořene zázvoru, nakrájené
30 ml / 2 lžíce sójové omáčky
30 ml / 2 lžíce rýžového vína nebo suchého sherry
2,5 ml / ¬Ω lžičky soli
15 ml / 1 polévková lžíce kukuřičné mouky (kukuřičný škrob)
60 ml / 4 polévkové lžíce vody

Rozehřejte olej a 1 minutu opékejte krabí maso, jarní cibulku a zázvor. Přidejte sójovou omáčku, víno nebo sherry a sůl, přikryjte a vařte 3 minuty. Vmícháme kukuřičnou krupici a vodu,

dokud se nevytvoří pasta, vmícháme na pánev a za stálého
míchání dusíme, dokud není omáčka čirá a nezhoustne.

Smažené karbanátky z chobotnice

Server 4

450 g chobotnice

50 g drceného sádla

1 vaječný bílek

2,5 ml / ¬Ω lžičky cukru

2,5 ml / ¬Ω lžičky kukuřičné mouky (kukuřičný škrob)

sůl a čerstvě mletý pepř

smažit olej

Chobotnici očistíme a rozdrtíme nebo zredukujeme na kaši.
Smícháme se sádlem, bílkem, cukrem a kukuřičným škrobem a
dochutíme solí a pepřem. Směs lisujeme do kuliček. Rozpálíme
olej a opékáme kuličky, případně po dávkách, dokud v oleji
nevyplavou a nezezlátnou. Dobře sceďte a ihned podávejte.

kantonský humr

Server 4

2 humry

30 ml / 2 lžíce oleje

15 ml / 1 polévková lžíce omáčky z černých fazolí

1 stroužek česneku, rozdrcený

1 nakrájená cibule

225 g mletého vepřového masa (mleté).

45 ml / 3 lžíce sójové omáčky

5 ml / 1 lžička cukru

sůl a čerstvě mletý pepř

15 ml / 1 polévková lžíce kukuřičné mouky (kukuřičný škrob)

75 ml / 5 polévkových lžic vody

1 rozšlehané vejce

Humry rozdrobte, vyjměte maso a nakrájejte na 1-palcové kostky. Rozpálíme olej a osmahneme omáčku z černých fazolí, česnek a cibuli do zlatova. Přidejte vepřové maso a opékejte do zlatova. Přidáme sójovou omáčku, cukr, sůl, pepř a humra, přikryjeme a dusíme asi 10 minut. Kukuřičnou krupici a vodu rozmixujte na pastu, vmíchejte do pánve a za stálého míchání vařte, dokud omáčka nezjasní a nezhoustne. Před podáváním vypněte oheň a přidejte vejce.

smažený humr

Server 4

450 g humřího masa
30 ml / 2 lžíce sójové omáčky
5 ml / 1 lžička cukru
1 rozšlehané vejce
30 ml / 3 polévkové lžíce mouky (univerzální).
smažit olej

Humří maso nakrájíme na 1-palcové kostky a ochutíme sójovou omáčkou a cukrem. Nechte 15 minut a poté sceďte. Vejce a mouku rozšleháme, přidáme humra a dobře promícháme. Rozehřejte olej a orestujte humra do zlatova. Před podáváním nechte okapat na kuchyňském papíře.

Dušený humr se šunkou

Server 4

4 vejce, lehce rozšlehaná
60 ml / 4 polévkové lžíce vody
5 ml / 1 lžička soli
15 ml / 1 polévková lžíce sójové omáčky
450 g humřího masa ve vločkách
15 ml / 1 polévková lžíce nasekané uzené šunky
15 ml / 1 polévková lžíce nasekané čerstvé petrželky

Vejce rozšlehejte s vodou, solí a sójovou omáčkou. Nalijte do nepřilnavé mísy a posypte humřím masem. Umístěte misku na mřížku do pařáku, přikryjte a vařte v páře 20 minut, dokud vejce neztuhnou. Podáváme ozdobené šunkou a petrželkou.

Humr s houbami

Server 4

450 g humřího masa
15 ml / 1 polévková lžíce kukuřičné mouky (kukuřičný škrob)
60 ml / 4 polévkové lžíce vody
30 ml / 2 lžíce arašídového oleje.
4 jarní cibulky (jarní cibulky), nakrájené na silné plátky
100 g nakrájených žampionů
2,5 ml / ¬Ω lžičky soli
1 stroužek česneku, rozdrcený
30 ml / 2 lžíce sójové omáčky
15 ml / 1 polévková lžíce rýžového vína nebo suchého sherry

Humří maso nakrájíme na 2,5 cm kostky. Smíchejte kukuřičnou mouku a vodu, dokud nezískáte pastu, a přidejte do směsi kostičky humra, aby se obalily. Rozehřejte polovinu oleje a osmahněte kostičky humra dohněda, vyjměte je z pánve. Rozehřejte zbylý olej a orestujte jarní cibulku do zlatova. Přidejte houby a restujte 3 minuty. Přidejte sůl, česnek, sójovou omáčku a víno nebo sherry a restujte 2 minuty. Vraťte humra do pánve a orestujte, dokud nebude horký.

Humří ocasy s vepřovým masem

Server 4

3 sušené čínské houby

4 humří ocasy

60 ml / 4 polévkové lžíce arašídového oleje (arašídy).

100 g mletého vepřového masa (mleté).

50 g vodních kaštanů, nasekaných nadrobno

sůl a čerstvě mletý pepř

2 stroužky česneku, mleté

45 ml / 3 lžíce sójové omáčky

30 ml / 2 lžíce rýžového vína nebo suchého sherry

30 ml / 2 lžíce omáčky z černých fazolí

10 ml / 2 polévkové lžíce kukuřičné mouky (kukuřičný škrob)

120 ml / 4 fl oz / ¬Ω šálek vody

Houby namočte na 30 minut do teplé vody, poté slijte. Odstraňte stonky a nakrájejte klobouky. Humří ocasy podélně rozpůlíme. Odstraňte maso z humřích ocasů, ponechte si skořápky. Rozehřejte polovinu oleje a orestujte vepřové maso do světlé barvy. Odstraňte z ohně a přidejte houby, humří maso, vodní kaštany, sůl a pepř. Maso uzavřeme do skořápek humra a položíme na plech. Umístěte ji na mřížku do paráku, přikryjte a vařte v páře asi 20 minut, dokud se neprovaří. Mezitím rozehřejte zbývající olej a restujte česnek, sójovou omáčku, víno/sherry a omáčku z černých fazolí 2 minuty. Smíchejte kukuřičnou krupici a vodu, dokud nezískáte těsto. Vmíchejte pánev a nechte za stálého míchání vařit, dokud omáčka nezhoustne. Humra nandejte do teplé misky, přelijte omáčkou a ihned podávejte.

dušený humr

Server 4

450 g / 1 lb humří ocasy

30 ml / 2 lžíce arašídového oleje.

1 stroužek česneku, rozdrcený

2,5 ml / ¬Ω lžičky soli

350 g fazolových klíčků

50 g žampionů

4 jarní cibulky (jarní cibulky), nakrájené na silné plátky

150 ml / ¬° pt / dostatečný ¬Ω šálek kuřecího vývaru

15 ml / 1 polévková lžíce kukuřičné mouky (kukuřičný škrob)

Na pánvi přiveďte k varu vodu, přidejte humří ocasy a vařte 1 minutu. Scedíme, vychladíme, zbavíme kůže a nakrájíme na silnější plátky. Rozehřejte olej s česnekem a solí a opékejte, dokud česnek lehce nezezlátne. Přidejte humra a restujte 1 minutu. Přidejte fazolové klíčky a houby a restujte 1 minutu. Přidejte jarní cibulky. Přilijeme většinu vývaru, přivedeme k varu, přikryjeme a 3 minuty dusíme. Kukuřičný škrob smícháme se zbylým vývarem, vlijeme do pánve a za stálého míchání dusíme, dokud omáčka není čirá a nezhoustne.

humří hnízda

Server 4

30 ml / 2 lžíce arašídového oleje.

5 ml / 1 lžička soli

1 cibule, nakrájená na tenké plátky

100 g nakrájených žampionů

100 g bambusových výhonků, nakrájených 225 g vařeného humřího masa

15 ml / 1 polévková lžíce rýžového vína nebo suchého sherry

120 ml / 4 fl oz / ¬Ω šálek kuřecího vývaru

špetka čerstvě mletého pepře

10 ml / 2 lžičky kukuřičné mouky (kukuřičný škrob)

15 ml / 1 polévková lžíce vody

4 košíky nudlí

Rozehřejte olej a orestujte sůl a cibuli do měkka. Přidejte houby a bambusové výhonky a restujte 2 minuty. Přidejte humří maso, víno nebo sherry a vývar, přiveďte k varu, přikryjte a vařte 2 minuty. Dochutíme pepřem. Kukuřičnou krupici a vodu rozmixujte na pastu, vmíchejte do pánve a za stálého míchání vařte, dokud omáčka nezhoustne. Nudlová hnízda naaranžujte na teplý servírovací talíř a ozdobte restovaným humrem.

Mušle v omáčce z černých fazolí

Server 4

45 ml / 3 polévkové lžíce arašídového oleje (arašídy).
2 stroužky česneku, mleté
2 plátky kořene zázvoru, nakrájené
30 ml / 2 lžíce omáčky z černých fazolí
15 ml / 1 polévková lžíce sójové omáčky
1,5 kg škeblí, omytých a vykostěných
2 jarní cibulky (jarní cibulky), nakrájené

Rozehřejte olej a smažte česnek a zázvor po dobu 30 sekund. Přidejte omáčku z černých fazolí a sójovou omáčku a smažte 10 sekund. Přidejte mušle, přikryjte a vařte cca. 6 minut, než se škeble otevřou. Ty, které zůstanou zavřené, vyhoďte. Přendejte na teplý talíř a podávejte posypané pažitkou.

Mušle se zázvorem

Server 4

45 ml / 3 polévkové lžíce arašídového oleje (arašídy).
2 stroužky česneku, mleté
4 plátky kořene zázvoru, nakrájené
1,5 kg škeblí, omytých a vykostěných
45 ml / 3 polévkové lžíce vody
15 ml / 1 polévková lžíce ústřicové omáčky

Rozehřejte olej a smažte česnek a zázvor po dobu 30 sekund. Přidejte mušle a vodu, přikryjte a vařte cca. 6 minut, než se škeble otevřou. Ty, které zůstanou zavřené, vyhoďte. Přendejte do teplé servírovací misky a podávejte zalité ústřicovou omáčkou.

Dušená škeble

Server 4

1,5 kg škeblí, omytých a vykostěných
45 ml / 3 lžíce sójové omáčky
3 jarní cibulky (jarní cibulky), nakrájené nadrobno

Vložte škeble na mřížku do pařáku, přikryjte a vařte je ve vroucí vodě asi 10 minut, dokud se všechny škeble neotevře. Ty, které zůstanou zavřené, vyhoďte. Přendejte na teplý talíř a podávejte posypané sójovou omáčkou a jarní cibulkou.

smažené ústřice

Server 4

24 ústřic, vyloupaných
sůl a čerstvě mletý pepř
1 rozšlehané vejce
50 g / 2 oz / ¬Ω šálek univerzální mouky.
250 ml / 8 fl oz / 1 šálek vody
smažit olej
4 jarní cibulky (jarní cibulky), nakrájené

Ústřice posypte solí a pepřem. Vejce šlehejte s moukou a vodou, dokud nevznikne těstíčko, kterým potírejte ústřice. Rozehřejte olej a orestujte ústřice do zlatova. Necháme okapat na kuchyňském papíře a podáváme ozdobené jarní cibulkou.

Ústřice se slaninou

Server 4

175 g slaniny
24 ústřic, vyloupaných

1 vejce, lehce rozšlehané

15 ml / 1 polévková lžíce vody

45 ml / 3 polévkové lžíce arašídového oleje (arašídy).

2 cibule, nakrájené

15 ml / 1 polévková lžíce kukuřičné mouky (kukuřičný škrob)

15 ml / 1 polévková lžíce sójové omáčky

90 ml / 6 lžic kuřecího vývaru

Slaninu nakrájíme na kousky a kouskem omotáme každou ústřici. Vejce rozšlehejte s vodou a poté je ponořte do ústřic, aby se obalily. Rozehřejte polovinu oleje a opečte ústřice z obou stran dozlatova, poté je vyjměte z pánve a slijte tuk. Zbylý olej rozehřejte a cibuli na něm orestujte do měkka. Kukuřičný škrob, sójovou omáčku a vývar rozmixujte na pastu, nalijte na pánev a za stálého míchání vařte, dokud omáčka nezjasní a nezhoustne. Přelijeme ústřicemi a ihned podáváme.

Smažené ústřice se zázvorem

Server 4

24 ústřic, vyloupaných

2 plátky kořene zázvoru, nakrájené

30 ml / 2 lžíce sójové omáčky

15 ml / 1 polévková lžíce rýžového vína nebo suchého sherry
4 jarní cibulky (cibulky), nakrájené na proužky
100 g slaniny
1 vejce
50 g / 2 oz / ¬Ω šálek univerzální mouky.
sůl a čerstvě mletý pepř
smažit olej
1 citron, nakrájený na kostičky

Vložte ústřice do misky se zázvorem, sójovou omáčkou a vínem nebo sherry a dobře promíchejte. Nechte působit 30 minut. Na každou ústřici položte několik proužků jarní cibulky. Slaninu nakrájíme na kousky a kouskem omotáme každou ústřici. Vejce a mouku vyšleháme do těsta a dochutíme solí a pepřem. Namáčejte ústřice v těstíčku, dokud se dobře nepokryjí. Rozehřejte olej a orestujte ústřice do zlatova. Podávejte ozdobené plátky citronu.

Ústřice s omáčkou z černých fazolí

Server 4

350 g ústřic bez skořápky
120 ml / 4 fl oz / ¬Ω šálek arašídového oleje (arašídy).
2 stroužky česneku, mleté
3 jarní cibulky (jarní cibulky), nakrájené na plátky
15 ml / 1 polévková lžíce omáčky z černých fazolí

30 ml / 2 lžíce tmavé sójové omáčky
15 ml / 1 polévková lžíce sezamového oleje
špetka chilli

Blanšírujte ústřice ve vroucí vodě po dobu 30 sekund, poté sceďte. Rozehřejte olej a opékejte česnek a jarní cibulku po dobu 30 sekund. Přidejte omáčku z černých fazolí, sójovou omáčku, sezamový olej a ústřice a dochuťte chilli. Orestujte do tepla a ihned podávejte.

Hřebenatky s bambusovými výhonky

Server 4

60 ml / 4 polévkové lžíce arašídového oleje (arašídy).
6 jarních cibulek (jarních cibulek), nakrájených
225 g žampionů nakrájených na čtvrtky
15 ml / 1 polévková lžíce cukru
450 g vyloupané mušle
2 plátky kořene zázvoru, nakrájené

225 g bambusových výhonků, nakrájených na plátky

sůl a čerstvě mletý pepř

300 ml / ¬Ω pt / 1 ¬ ° šálku vody

30 ml / 2 lžíce vinného octa

30 ml / 2 lžíce kukuřičné mouky (kukuřičný škrob)

150 ml / ¬° pt / dostatek ¬Ω šálku vody

45 ml / 3 lžíce sójové omáčky

Rozehřejte olej a 2 minuty opékejte jarní cibulku a houby. Přidejte cukr, mušle, zázvor, bambusové výhonky, sůl a pepř, přikryjte a vařte 5 minut. Přidáme vodu a vinný ocet, přivedeme k varu, přikryjeme a 5 minut dusíme. Kukuřičnou krupici a vodu rozmixujte na pastu, vmíchejte do pánve a za stálého míchání vařte, dokud omáčka nezhoustne. Pokapeme sójovou omáčkou a podáváme.

Hřebenatky s vejci

Server 4

45 ml / 3 polévkové lžíce arašídového oleje (arašídy).

350 g vyloupané mušle

25 g nakrájené uzené šunky

30 ml / 2 lžíce rýžového vína nebo suchého sherry

5 ml / 1 lžička cukru

2,5 ml / ¬Ω lžičky soli

špetka čerstvě mletého pepře

2 vejce, lehce rozšlehaná

15 ml / 1 polévková lžíce sójové omáčky

Zahřejte olej a 30 sekund smažte mušle. Přidejte šunku a restujte 1 minutu. Přidejte víno nebo sherry, cukr, sůl a pepř a restujte 1 minutu. Přidejte vejce a jemně míchejte na vysoké teplotě, dokud se ingredience dobře nepokryjí vejcem. Podáváme posypané sójovou omáčkou.

Hřebenatky s brokolicí

Server 4

350 g hřebenatek, nakrájených na plátky

3 plátky kořene zázvoru, nakrájené

¬Ω malá mrkev, nakrájená na plátky

1 stroužek česneku, rozdrcený

45 ml / 3 polévkové lžíce mouky (univerzální).

2,5 ml / ¬Ω lžičky prášku do pečiva (prášek do pečiva)

30 ml / 2 lžíce arašídového oleje.

15 ml / 1 polévková lžíce vody
1 banán, nakrájený na plátky
smažit olej
275 g brokolice
Sůl
5 ml / 1 lžička sezamového oleje
2,5 ml / ¬Ω lžičky horké omáčky
2,5 ml / ¬Ω lžičky vinného octa
2,5 ml / ¬Ω lžička rajčatového protlaku √ © e (pasta)

Hřebenatky smícháme se zázvorem, mrkví a česnekem a necháme odstát. Mouku, prášek do pečiva, 15 ml/1 lžíci oleje a vodu smícháme v těsto a obalíme jím plátky banánu. Zahřejte olej a orestujte jitrocel do zlatova, poté slijte a položte na rozpálenou pánev. Mezitím uvaříme brokolici ve vroucí osolené vodě doměkka, poté scedíme. Zbylý olej rozehřejte se sezamovým olejem a brokolici krátce orestujte, poté ji rozložte na talíř s jitrocelem. Na pánev přidejte chilli omáčku, vinný ocet a rajčatovou pastu a opékejte mušle, dokud nebudou uvařené. Nalijte na talíř a ihned podávejte.

Hřebenatky se zázvorem

Server 4

45 ml / 3 polévkové lžíce arašídového oleje (arašídy).

2,5 ml / ¬Ω lžičky soli

3 plátky kořene zázvoru, nakrájené

2 jarní cibulky, nakrájené na silné plátky

450 g vyloupaných mušlí, rozpůlených

15 ml / 1 polévková lžíce kukuřičné mouky (kukuřičný škrob)

60 ml / 4 polévkové lžíce vody

Zahřejte olej a smažte sůl a zázvor po dobu 30 sekund. Přidejte pažitku a opékejte do zlatova. Přidejte mušle a restujte 3 minuty. Smíchejte kukuřičnou mouku a vodu do těstíčka, přidejte do

pánve a vařte na mírném ohni za míchání, dokud nezhoustne.
Ihned podávejte.

mušle se šunkou

Server 4

450 g vyloupaných mušlí, rozpůlených
250 ml / 8 fl oz / 1 šálek rýžového vína nebo suchého sherry
1 cibule, nakrájená nadrobno
2 plátky kořene zázvoru, nakrájené
2,5 ml / ¬Ω lžičky soli
100 g nakrájené uzené šunky

Vložte mušle do misky a přidejte víno nebo sherry. Zakryjte a marinujte 30 minut za občasného obracení, potom mušle sceďte a marinádu vyhoďte. Hřebenatky uložte do zapékací mísy spolu s ostatními ingrediencemi. Pánev postavte na mřížku do pařáku, přikryjte a vařte ve vroucí vodě asi 6 minut, dokud mušle nezměknou.

Míchaná vejce s mušlemi a bylinkami

Server 4

225 g vyloupané mušle
30 ml / 2 lžíce nasekaného čerstvého koriandru
4 rozšlehaná vejce
15 ml / 1 polévková lžíce rýžového vína nebo suchého sherry
sůl a čerstvě mletý pepř
15 ml / 1 polévková lžíce arašídového oleje (arašíd).

Vložte mušle do pařáku a vařte je v páře asi 3 minuty, dokud se neuvaří, v závislosti na velikosti. Vyjmeme z pařáku a posypeme koriandrem. Vejce rozšlehejte spolu s vínem nebo sherry a dochuťte solí a pepřem. Přidejte mušle a koriandr. Rozehřejte olej a za stálého míchání smažte směs míchaných vajec, dokud vejce neztuhnou. Ihned podávejte.

Dušené mušle a cibule

Server 4

45 ml / 3 polévkové lžíce arašídového oleje (arašídy).
1 cibule, nakrájená
450 g vyloupaných hřebenatek nakrájených na čtvrtky
sůl a čerstvě mletý pepř
15 ml / 1 polévková lžíce rýžového vína nebo suchého sherry

Rozpálíme olej a orestujeme cibuli do měkka. Přidejte mušle a restujte do zlatova. Dochuťte solí a pepřem, pokapejte vínem nebo sherry a ihned podávejte.

Hřebenatky se zeleninou

Podává 4,6

4 sušené čínské houby
2 cibule
30 ml / 2 lžíce arašídového oleje.
3 řapíkatý celer, šikmo nakrájený
225 g zelených fazolek, šikmo nakrájených
10 ml / 2 lžičky strouhaného kořene zázvoru
1 stroužek česneku, rozdrcený
20 ml / 4 lžičky kukuřičné mouky (kukuřičný škrob)
250 ml / 8 fl oz / 1 šálek kuřecího vývaru
30 ml / 2 lžíce rýžového vína nebo suchého sherry
30 ml / 2 lžíce sójové omáčky
450 g vyloupaných hřebenatek nakrájených na čtvrtky
6 jarní cibulky (cibulky), nakrájené na plátky

425 g / 15 oz konzerva kukuřičného klasu

Houby namočte na 30 minut do teplé vody, poté slijte. Odstraňte stonky a odřízněte vršky. Cibuli nakrájíme na měsíčky a oddělíme vrstvy. Rozpálíme olej a cibuli, celer, fazole, zázvor a česnek opékáme 3 minuty. Smíchejte kukuřičný škrob s trochou vývaru a přidejte zbytek vývaru, víno nebo sherry a sójovou omáčku. Přidejte do woku a za stálého míchání přiveďte k varu. Přidejte houby, mušle, jarní cibulku a kukuřici a vařte asi 5 minut, dokud mušle nezměknou.

Hřebenatky s pepřem

Server 4

30 ml / 2 lžíce arašídového oleje.
3 jarní cibulky (jarní cibulky), nakrájené
1 stroužek česneku, rozdrcený
2 plátky kořene zázvoru, nakrájené
2 nakrájené červené papriky
450 g vyloupané mušle

30 ml / 2 lžíce rýžového vína nebo suchého sherry
15 ml / 1 polévková lžíce sójové omáčky
15 ml / 1 polévková lžíce omáčky ze žlutých fazolí
5 ml / 1 lžička cukru
5 ml / 1 lžička sezamového oleje

Rozehřejte olej a 30 sekund smažte jarní cibulku, česnek a zázvor. Přidejte papriku a restujte 1 minutu. Přidejte mušle a restujte 30 sekund, poté přidejte ostatní ingredience a vařte asi 3 minuty, dokud mušle nezměknou.

Chobotnice s fazolovými klíčky

Server 4

450 g chobotnice
30 ml / 2 lžíce arašídového oleje.
15 ml / 1 polévková lžíce rýžového vína nebo suchého sherry
100 g fazolových klíčků
15 ml / 1 polévková lžíce sójové omáčky
Sůl

1 červená chilli papričká, nakrájená
2 plátky kořene zázvoru, nakrájené
2 jarní cibulky (jarní cibulky), nakrájené

Z chobotnice odstraňte hlavu, vnitřnosti a blánu a nakrájejte je na velké kusy. Na každém kusu vystřihněte křížový vzor. V hrnci přiveďte k varu vodu, přidejte chobotnici a na mírném ohni vařte, dokud se kousky nesrolují, poté slijte a sceďte. Rozehřejte polovinu oleje a rychle opečte chobotnici. Zalijte vínem nebo sherry. Mezitím rozehřejte zbývající olej a orestujte fazolové klíčky do měkka. Dochutíme sójovou omáčkou a solí. Na talíř rozložte chilli, zázvor a jarní cibulku. Doprostřed položte fazolové klíčky a navrch chobotnice. Ihned podávejte.

smažená chobotnice

Server 4

50 g hladké mouky (univerzální).
25 g / 1 unce / ¬ šálek kukuřičné mouky (kukuřičný škrob)
2,5 ml / ¬Ω lžičky prášku do pečiva

2,5 ml / ¬Ω lžičky soli

1 vejce

75 ml / 5 polévkových lžic vody

15 ml / 1 polévková lžíce arašídového oleje (arašíd).

450 g chobotnice, nakrájené na kroužky

smažit olej

Mouku, kukuřičný škrob, prášek do pečiva, sůl, vejce, vodu a olej ušlehejte do těsta. Ponořte chobotnici do těsta, dokud nebude dobře zakrytá. Rozehřejte olej a chobotnici po troškách opékejte do zlatova. Před podáváním nechte okapat na kuchyňském papíře.

Chobotnicové balíčky

Server 4

8 sušených čínských hub

450 g chobotnice

100 g uzené šunky

100 g tofu

1 rozšlehané vejce

15 ml / 1 polévková lžíce mouky (univerzální).

2,5 ml / ¬Ω lžičky cukru

2,5 ml / ¬Ω lžička sezamového oleje

sůl a čerstvě mletý pepř

8 wonton skinů

smažit olej

Houby namočte na 30 minut do teplé vody, poté slijte. Vyhoďte stonky. Olihně očistíme a nakrájíme na 8 kusů. Šunku a tofu nakrájíme na 8 kousků. Dejte je všechny do mísy. Vejce smícháme s moukou, cukrem, sezamovým olejem, solí a pepřem. Nalijte ingredience do nádoby a jemně promíchejte. Umístěte houbu a kousek chobotnice, šunky a tofu těsně pod střed každé wontonové slupky. Přehněte spodní roh, přehněte strany, poté srolujte a okraje navlhčete vodou, aby se utěsnily. Rozehřejte olej a karbanátky opékejte asi 8 minut do zlatova. Před podáváním dobře sceďte.

Smažené kalamáry

Server 4

45 ml / 3 polévkové lžíce arašídového oleje (arašídy).
225 g kroužků chobotnice
1 velká zelená paprika, nakrájená na kousky
100 g bambusových výhonků, nakrájených na plátky
2 jarní cibulky (jarní cibulky), nakrájené nadrobno
1 plátek kořene zázvoru, jemně nasekaný
45 ml / 2 lžíce sójové omáčky
30 ml / 2 lžíce rýžového vína nebo suchého sherry
15 ml / 1 polévková lžíce kukuřičné mouky (kukuřičný škrob)
15 ml / 1 polévková lžíce rybího vývaru nebo vody
5 ml / 1 lžička cukru
5 ml / 1 lžička vinného octa
5 ml / 1 lžička sezamového oleje
sůl a čerstvě mletý pepř

Zahřejte 15 ml / 1 polévkovou lžíci oleje a rychle smažte chobotnice, dokud dobře netěsní. Mezitím na samostatné pánvi rozehřejte zbývající olej a 2 minuty opékejte papriky, bambusové výhonky, jarní cibulku a zázvor. Přidejte chobotnici a restujte 1 minutu. Smíchejte sójovou omáčku, víno nebo sherry, kukuřičný škrob, vývar, cukr, vinný ocet a sezamový olej a dochuťte solí a pepřem. Restujeme, dokud omáčka nezesvětlí a nezhoustne.

dušená chobotnice

Server 4

45 ml / 3 polévkové lžíce arašídového oleje (arašídy).
3 jarní cibulky (jarní cibulky), nakrájené na silné plátky
2 plátky kořene zázvoru, nakrájené
450 g chobotnice nakrájené na kousky
15 ml / 1 polévková lžíce sójové omáčky
15 ml / 1 polévková lžíce rýžového vína nebo suchého sherry
5 ml / 1 lžička kukuřičné mouky (kukuřičný škrob)
15 ml / 1 polévková lžíce vody

Rozpálíme olej a orestujeme na něm jarní cibulku a zázvor do měkka. Přidejte kalamáry a opékejte, dokud se obalí na oleji. Přidejte sójovou omáčku a víno nebo sherry, přikryjte a vařte 2 minuty. Smíchejte kukuřičnou krupici a vodu, dokud nezískáte těsto, vložte ji do pánve a vařte na mírném ohni za míchání, dokud omáčka nezhoustne a chobotnice nezměknou.

Chobotnice se sušenými houbami

Server 4

50 g sušených čínských hub
450 g / 1 lb kroužky olihně
45 ml / 3 polévkové lžíce arašídového oleje (arašídy).
45 ml / 3 lžíce sójové omáčky
2 jarní cibulky (jarní cibulky), nakrájené nadrobno
1 plátek kořene zázvoru, nasekaný
225 g bambusových výhonků nakrájených na proužky
30 ml / 2 lžíce kukuřičné mouky (kukuřičný škrob)
150 ml / ¬° pt / dobrý ¬Ω šálek rybího vývaru

Houby namočte na 30 minut do teplé vody, poté slijte. Odstraňte stonky a odřízněte vršky. Chobotnici spařte několik sekund ve vroucí vodě. Rozehřejte olej, přidejte houby, sójovou omáčku, jarní cibulku a zázvor a restujte 2 minuty. Přidejte chobotnice a bambusové výhonky a restujte 2 minuty. Smíchejte kukuřičný škrob a vývar a promíchejte na pánvi. Vařte na mírném ohni za míchání, dokud omáčka není čirá a nezhoustne.

Chobotnice se zeleninou

Server 4

45 ml / 3 polévkové lžíce arašídového oleje (arašídy).
1 cibule, nakrájená
5 ml / 1 lžička soli
450 g chobotnice nakrájené na kousky
100 g bambusových výhonků, nakrájených na plátky
2 řapíkatý celer, šikmo nakrájený
60 ml / 4 lžíce kuřecího vývaru
5 ml / 1 lžička cukru
100 g sněhového hrášku (hrášek)
5 ml / 1 lžička kukuřičné mouky (kukuřičný škrob)
15 ml / 1 polévková lžíce vody

Rozpálíme olej a orestujeme cibuli a sůl do zlatova. Přidejte chobotnice a smažte, dokud nejsou pokryty olejem. Přidejte bambusové výhonky a celer a restujte 3 minuty. Přidejte vývar a cukr, přiveďte k varu, přikryjte a vařte 3 minuty, dokud zelenina nezměkne. Přidejte horkou omáčku. Kukuřičnou krupici a vodu rozmixujte na pastu, vmíchejte do pánve a za stálého míchání vařte, dokud omáčka nezhoustne.

Hovězí guláš s anýzem

Server 4

30 ml / 2 lžíce arašídového oleje.
450 g / 1 lb hovězí steak
1 stroužek česneku, rozdrcený
45 ml / 3 lžíce sójové omáčky
15 ml / 1 polévková lžíce vody
15 ml / 1 polévková lžíce rýžového vína nebo suchého sherry
5 ml / 1 lžička soli
5 ml / 1 lžička cukru
2 hřebíčky badyánu

Rozpálíme olej a maso opečeme ze všech stran dozlatova. Přidejte zbývající ingredience, přiveďte k varu, přikryjte a vařte asi 45 minut, poté maso otočte, přidejte trochu vody a sójovou omáčku, pokud je maso suché. Vařte dalších 45 minut, dokud maso nezměkne. Badyán před podáváním vyhoďte.

Telecí maso s chřestem

Server 4

450 g na kostky telecí ocasní kosti
30 ml / 2 lžíce sójové omáčky
30 ml / 2 lžíce rýžového vína nebo suchého sherry
45 ml / 3 lžíce kukuřičné mouky (kukuřičný škrob)
45 ml / 3 polévkové lžíce arašídového oleje (arašídy).
5 ml / 1 lžička soli
1 stroužek česneku, rozdrcený
350 g chřestových špiček
120 ml / 4 fl oz / ¬Ω šálek kuřecího vývaru
15 ml / 1 polévková lžíce sójové omáčky

Vložte steak do misky. Smíchejte sójovou omáčku, víno nebo sherry a 30 ml / 2 lžíce kukuřičného škrobu, nalijte na steak a dobře promíchejte. Nechte 30 minut marinovat. Rozehřejte olej se solí a česnekem a opékejte, dokud česnek lehce nezhnědne. Přidejte maso a marinádu a restujte 4 minuty. Přidejte chřest a restujte na pánvi 2 minuty. Přidejte vývar a sójovou omáčku, přiveďte k varu a za stálého míchání vařte 3 minuty, dokud není maso propečené. Zbylý kukuřičný škrob smíchejte s trochou vody nebo vývaru a přidejte do omáčky. Vařte za stálého míchání několik minut, dokud omáčka nezesvětlí a nezhoustne.

Hovězí maso s bambusovými výhonky

Server 4

45 ml / 3 polévkové lžíce arašídového oleje (arašídy).
1 stroužek česneku, rozdrcený
1 jarní cibulka (cibulka), nakrájená
1 plátek kořene zázvoru, nasekaný
225 g libového hovězího masa, nakrájeného na nudličky
100 g bambusových výhonků
45 ml / 3 lžíce sójové omáčky
15 ml / 1 polévková lžíce rýžového vína nebo suchého sherry
5 ml / 1 lžička kukuřičné mouky (kukuřičný škrob)

Rozehřejte olej a orestujte česnek, jarní cibulku a zázvor do zlatova. Přidejte maso a restujte 4 minuty, dokud nezhnědne. Přidejte bambusové výhonky a restujte 3 minuty. Přidejte sójovou omáčku, víno nebo sherry a kukuřičný škrob a restujte 4 minuty.

Hovězí maso s bambusovými výhonky a houbami

Server 4

225 g libového hovězího masa

45 ml / 3 polévkové lžíce arašídového oleje (arašídy).

1 plátek kořene zázvoru, nasekaný

100 g bambusových výhonků, nakrájených na plátky

100 g nakrájených žampionů

45 ml / 3 lžíce rýžového vína nebo suchého sherry

5 ml / 1 lžička cukru

10 ml / 2 lžičky sójové omáčky

sůl a pepř

120 ml / 4 fl oz / ¬Ω šálek hovězího vývaru

15 ml / 1 polévková lžíce kukuřičné mouky (kukuřičný škrob)

30 ml / 2 lžíce vody

Maso nakrájejte na tenké plátky proti srsti. Rozehřejte olej a pár sekund na něm smažte zázvor. Přidejte maso a restujte do zhnědnutí. Přidejte bambusové výhonky a houby a restujte 1 minutu. Přidejte víno nebo sherry, cukr a sójovou omáčku a dochuťte solí a pepřem. Přilijeme vývar, přivedeme k varu, přikryjeme pokličkou a 3 minuty dusíme. Smíchejte kukuřičný škrob a vodu, nalijte do pánve a vařte za stálého míchání, dokud omáčka nezhoustne.

Čínské dušené hovězí maso

Server 4

45 ml / 3 polévkové lžíce arašídového oleje (arašídy).

900 g hovězího steaku
1 jarní cibulka (šalotka), nakrájená na plátky
1 stroužek česneku, nasekaný
1 plátek kořene zázvoru, nasekaný
60 ml / 4 lžíce sójové omáčky
30 ml / 2 lžíce rýžového vína nebo suchého sherry
5 ml / 1 lžička cukru
5 ml / 1 lžička soli
špetka pepře
750 ml / 1° bodu / 3 šálky vroucí vody

Rozpálíme olej a maso na něm rychle ze všech stran opečeme. Přidejte jarní cibulku, česnek, zázvor, sójovou omáčku, víno nebo sherry, cukr, sůl a pepř. Za stálého míchání přivedeme k varu. Přilijeme vroucí vodu, za stálého míchání opět přivedeme k varu, přiklopíme pokličkou a necháme cca. 2 hodiny, dokud maso nezměkne.

Hovězí maso s fazolovými klíčky

Server 4

450 g libového hovězího masa, nakrájeného na plátky

1 vaječný bílek

30 ml / 2 lžíce arašídového oleje.

15 ml / 1 polévková lžíce kukuřičné mouky (kukuřičný škrob)

15 ml / 1 polévková lžíce sójové omáčky

100 g fazolových klíčků

25 g / 1 oz kysané zelí, strouhané

1 červená chilli papřička, nakrájená

2 jarní cibulky (jarní cibulky), nakrájené

2 plátky kořene zázvoru, nakrájené

Sůl

5 ml / 1 lžička ústřicové omáčky

5 ml / 1 lžička sezamového oleje

Maso smícháme s bílkem, polovinou oleje, kukuřičným škrobem a sójovou omáčkou a necháme 30 minut odležet. Fazolové klíčky blanšírujte ve vroucí vodě asi 8 minut téměř do měkka, poté slijte. Rozehřejte zbylý olej a maso opečte, dokud lehce nezhnědne, poté vyjměte z pánve. Přidejte zelí, chilli, zázvor, sůl, ústřicovou omáčku a sezamový olej a restujte 2 minuty. Přidejte fazolové klíčky a restujte 2 minuty. Vraťte maso do pánve a restujte, dokud se dobře nepromíchá a neprohřeje. Ihned podávejte.

Hovězí maso s brokolicí

Server 4

1 libra / 450 g hovězí ocasní kosti, nakrájené na tenké plátky
30 ml / 2 lžíce kukuřičné mouky (kukuřičný škrob)
15 ml / 1 polévková lžíce rýžového vína nebo suchého sherry
15 ml / 1 polévková lžíce sójové omáčky
30 ml / 2 lžíce arašídového oleje.
5 ml / 1 lžička soli
1 stroužek česneku, rozdrcený
225 g / 8 oz růžičky brokolice
150 ml / ¬° pt / dostatečný ¬Ω šálek hovězího vývaru

Vložte steak do misky. Smíchejte 15 ml / 1 polévková lžíce kukuřičného škrobu s vínem nebo sherry a sójovou omáčkou, přidejte maso a 30 minut marinujte. Rozehřejte olej se solí a česnekem a opékejte, dokud česnek lehce nezhnědne. Přidejte steak a marinádu a restujte 4 minuty. Přidejte brokolici a restujte 3 minuty. Přidejte vývar, přiveďte k varu, přikryjte a vařte 5 minut, dokud brokolice nezměkne, ale bude stále křupavá. Zbylý kukuřičný škrob smícháme s trochou vody a přidáme do omáčky. Vařte na mírném ohni za míchání, dokud omáčka nezesvětlí a nezhoustne.

Sezamové maso s brokolicí

Server 4

150 g libového hovězího masa, nakrájeného na tenké plátky

2,5 ml / ¬Ω lžička ústřicové omáčky

5 ml / 1 lžička kukuřičné mouky (kukuřičný škrob)

5 ml / 1 lžička bílého vinného octa

60 ml / 4 polévkové lžíce arašídového oleje (arašídy).

100 g růžičky brokolice

5 ml / 1 lžička rybí omáčky

2,5 ml / ¬Ω lžička sójové omáčky

250 ml / 8 fl oz / 1 šálek hovězího vývaru

30 ml / 2 lžíce sezamových semínek

Maso marinujte s ústřicovou omáčkou, 2,5 ml / ¬Ω lžičky kukuřičného škrobu, 2,5 ml / ¬Ω lžičky vinného octa a 15 ml / 1 lžičkou oleje po dobu 1 hodiny.

Mezitím rozehřejte 15 ml / 1 lžičku oleje, přidejte brokolici, 2,5 ml / ¬Ω lžičky rybí omáčky, sójovou omáčku a zbylý vinný ocet a lehce podlijte vařící vodou. Vařte na mírném ohni asi 10 minut do změknutí.

V samostatné pánvi rozehřejte 30 ml / 2 polévkové lžíce oleje a maso na něm krátce opečte dohněda. Přidáme vývar, zbylý kukuřičný škrob a rybí omáčku, přivedeme k varu, přikryjeme a dusíme cca. 10 minut, dokud maso nezměkne. Brokolici sceďte a dejte na teplý talíř. Poklaďte masem a bohatě posypte sezamovými semínky.

Grilované maso

Server 4

450 g libového steaku, nakrájeného na plátky
60 ml / 4 lžíce sójové omáčky
2 stroužky česneku, mleté
5 ml / 1 lžička soli
2,5 ml / ¬Ω lžičky čerstvě mletého pepře
10 ml / 2 lžičky cukru

Všechny ingredience smícháme a necháme 3 hodiny louhovat. Smažíme nebo opékáme (grilujeme) na rozpáleném grilu asi 5 minut z každé strany.

kantonské maso

Server 4

30 ml / 2 lžíce kukuřičné mouky (kukuřičný škrob)
2 bílky ušlehané do tuha
450 g steaku, nakrájeného na nudličky
smažit olej
4 celerové tyčinky, nakrájené na plátky
2 cibule, nakrájené na plátky
60 ml / 4 polévkové lžíce vody
20 ml / 4 lžičky soli
75 ml / 5 lžic sójové omáčky
60 ml / 4 lžíce rýžového vína nebo suchého sherry
30 ml / 2 lžíce cukru
čerstvě mletý pepř

Polovinu kukuřičného škrobu smícháme s bílky. Přidejte steak a otočte, aby bylo maso pokryto těstíčkem. Rozpálíme olej a steak opečeme do zlatova. Vyjměte z pánve a nechte okapat na kuchyňském papíru. Zahřejte 15 ml / 1 polévkovou lžíci oleje a opékejte celer a cibuli 3 minuty. Přidejte maso, vodu, sůl, sójovou omáčku, víno nebo sherry a cukr a dochuťte pepřem. Přiveďte k varu a za stálého míchání vařte, dokud omáčka nezhoustne.

Hovězí maso s mrkví

Server 4

*30 ml / 2 lžíce arašídového oleje.
450 g libového hovězího masa, nakrájeného na kostky
2 jarní cibulky (jarní cibulky), nakrájené na plátky
2 stroužky česneku, mleté
1 plátek kořene zázvoru, nasekaný
250 ml / 8 fl oz / 1 šálek sójové omáčky
30 ml / 2 lžíce rýžového vína nebo suchého sherry
30 ml / 2 lžíce hnědého cukru
5 ml / 1 lžička soli
600 ml / 1 bod / 2 ¬Ω šálky vody
4 mrkve, nakrájené diagonálně*

Rozpálíme olej a maso opečeme do zlatova. Slijte přebytečný olej a přidejte jarní cibulku, česnek, zázvor a anýz a restujte 2 minuty. Přidejte sójovou omáčku, víno nebo sherry, cukr a sůl a dobře promíchejte. Přidejte vodu, přiveďte k varu, přikryjte a vařte 1 hodinu. Přidejte mrkev, přikryjte a vařte dalších 30 minut. Odstraňte poklici a vařte, dokud se omáčka nezredukuje.

Hovězí maso s kešu oříšky

Server 4

60 ml / 4 polévkové lžíce arašídového oleje (arašídy).

1 libra / 450 g hovězí ocasní kosti, nakrájené na tenké plátky

8 jarní cibulky (cibulky), nakrájené na kousky

2 stroužky česneku, mleté

1 plátek kořene zázvoru, nasekaný

75 g / 3 oz / ¬œ šálek pražených kešu ořechů

120 ml / 4 fl oz / ¬Ω šálek vody

20 ml / 4 lžičky kukuřičné mouky (kukuřičný škrob)

20 ml / 4 lžičky sójové omáčky

5 ml / 1 lžička sezamového oleje

5 ml / 1 lžička ústřicové omáčky

5 ml / 1 lžička pálivé omáčky

Polovinu oleje rozehřejeme a maso opečeme do zlatova. Vyjměte z pánve. Rozehřejte zbývající olej a 1 minutu opékejte jarní cibulku, česnek, zázvor a kešu oříšky. Vraťte maso do pánve. Smíchejte zbytek ingrediencí a nalijte směs do pánve. Přiveďte k varu a za stálého míchání vařte, dokud směs nezhoustne.

Hovězí pomalý hrnec

Server 4

30 ml / 2 lžíce arašídového oleje.

450 g dušeného hovězího masa na kostičky

3 plátky kořene zázvoru, nakrájené

3 mrkve, nakrájené na plátky

1 tuřín, nakrájený na kostičky

15 ml / 1 polévková lžíce vypeckovaných černých datlí

15 ml / 1 polévková lžíce lotosových semínek

30 ml / 2 lžíce rajčatového protlaku (pasta)

10 ml / 2 lžíce soli

900 ml / 1¬Ω bodů / 3¬œ šálky hovězího vývaru

250 ml / 8 fl oz / 1 šálek rýžového vína nebo suchého sherry

Ve velké pánvi nebo na pánvi rozehřejte olej a opečte maso ze všech stran dozlatova.

Hovězí maso s květákem

Server 4

225 g růžičky květáku

smažit olej

225 g hovězího masa, nakrájeného na nudličky

50 g bambusových výhonků nakrájených na proužky

10 vodních kaštanů nakrájených na proužky
120 ml / 4 fl oz / ½ šálek kuřecího vývaru
15 ml / 1 polévková lžíce sójové omáčky
15 ml / 1 polévková lžíce ústřicové omáčky
15 ml / 1 polévková lžíce rajčatového protlaku (pasta)
15 ml / 1 polévková lžíce kukuřičné mouky (kukuřičný škrob)
2,5 ml / ½ lžička sezamového oleje

Květák spaříme 2 minuty ve vroucí vodě a poté scedíme. Rozpálíme olej a osmahneme květák do zlatova. Necháme okapat a okapat na kuchyňském papíře. Rozpálíme olej a maso na něm opečeme do lehkého zhnědnutí, poté scedíme a scedíme. Nalijte všechno kromě 15 ml/1 polévkovou lžíci oleje a 2 minuty opékejte bambusové výhonky a vodní kaštany. Přidejte zbývající ingredience, přiveďte k varu a za stálého míchání vařte, dokud omáčka nezhoustne. Do pánve vraťte maso a květák a mírně prohřejte. Ihned podávejte.

Telecí maso s celerem

Server 4

100 g celeru, nakrájeného na proužky
45 ml / 3 polévkové lžíce arašídového oleje (arašídy).
2 jarní cibulky (jarní cibulky), nakrájené
1 plátek kořene zázvoru, nasekaný

225 g libového hovězího masa, nakrájeného na nudličky
30 ml / 2 lžíce sójové omáčky
30 ml / 2 lžíce rýžového vína nebo suchého sherry
2,5 ml / ¬Ω lžičky cukru
2,5 ml / ¬Ω lžičky soli

Celer spařte 1 minutu ve vroucí vodě, poté dobře sceďte. Rozpálíme olej a orestujeme jarní cibulku a zázvor dozlatova. Přidejte maso a restujte 4 minuty. Přidejte celer a restujte 2 minuty. Přidejte sójovou omáčku, víno nebo sherry, cukr a sůl a restujte 3 minuty.

Smažené hovězí plátky s celerem

Server 4

30 ml / 2 lžíce arašídového oleje.
450 g libového hovězího masa, nakrájeného na vločky
3 řapíkatý celer, nakrájený
1 nakrájená cibule
1 jarní cibulka (šalotka), nakrájená na plátky

1 plátek kořene zázvoru, nasekaný

30 ml / 2 lžíce sójové omáčky

15 ml / 1 polévková lžíce rýžového vína nebo suchého sherry

2,5 ml / ¬Ω lžičky cukru

2,5 ml / ¬Ω lžičky soli

10 ml / 2 lžičky kukuřičné mouky (kukuřičný škrob)

30 ml / 2 lžíce vody

Polovinu oleje rozehřejte, dokud nebude velmi horký a maso opékejte 1 minutu do zlatova. Vyjměte z pánve. Rozehřejte zbylý olej a orestujte celer, cibuli, jarní cibulku a zázvor mírně do měkka. Maso vraťte do pánve se sójovou omáčkou, vínem nebo sherry, cukrem a solí, přiveďte k varu a restujte, aby se prohřál. Smíchejte kukuřičný škrob a vodu, vmíchejte do pánve a vařte, dokud omáčka nezhoustne. Ihned podávejte.

Nakrájené hovězí maso s kuřecím masem a celerem

Server 4

4 sušené čínské houby

45 ml / 3 polévkové lžíce arašídového oleje (arašídy).

2 stroužky česneku, mleté

1 kořen zázvoru, nakrájený na plátky, mletý

5 ml / 1 lžička soli

100 g libového hovězího masa, nakrájeného na nudličky

100 g kuřecího masa, nakrájeného na nudličky
2 mrkve, nakrájené na proužky
2 řapíkatý celer, nakrájený na proužky
4 jarní cibulky (cibulky), nakrájené na proužky
5 ml / 1 lžička cukru
5 ml / 1 lžička sójové omáčky
5 ml / 1 lžička rýžového vína nebo suchého sherry
45 ml / 3 polévkové lžíce vody
5 ml / 1 lžička kukuřičné mouky (kukuřičný škrob)

Houby namočte na 30 minut do teplé vody, poté slijte. Odstraňte stonky a nakrájejte klobouky. Rozehřejte olej a orestujte česnek, zázvor a sůl do zlatova. Přidejte hovězí a kuřecí maso a vařte, dokud nezačnou hnědnout. Přidejte celer, jarní cibulku, cukr, sójovou omáčku, víno nebo sherry a vodu a přiveďte k varu. Přikryjeme a dusíme asi 15 minut, dokud maso nezměkne. Kukuřičný škrob smícháme s trochou vody, přidáme do omáčky a za stálého míchání dusíme, dokud omáčka nezhoustne.

Maso s chilli

Server 4

450 g hovězí svíčkové nakrájené na nudličky
45 ml / 3 lžíce sójové omáčky
15 ml / 1 polévková lžíce rýžového vína nebo suchého sherry
15 ml / 1 polévková lžíce hnědého cukru
15 ml / 1 polévková lžíce jemně nasekaného kořene zázvoru
30 ml / 2 lžíce arašídového oleje.
50 g bambusových výhonků nakrájených na zápalky
1 cibule, nakrájená na proužky
1 celer, nakrájený na zápalky
2 červené chilli papričky, zbavené semínek a nakrájené na proužky
120 ml / 4 fl oz / ¬Ω šálek kuřecího vývaru
15 ml / 1 polévková lžíce kukuřičné mouky (kukuřičný škrob)

Vložte steak do misky. Smíchejte sójovou omáčku, víno nebo sherry, cukr a zázvor a spojte se steakem. Nechte 1 hodinu marinovat. Vyjměte steak z marinády. Rozehřejte polovinu oleje a opékejte bambusové výhonky, cibuli, celer a chilli po dobu 3 minut, poté vyjměte z pánve. Rozehřejte zbývající olej a steak opékejte 3 minuty. Marinádu promícháme, přivedeme k varu a přidáme orestovanou zeleninu. Vařte za míchání 2 minuty.

Smíchejte vývar a kukuřičný škrob a vložte do pánve. Přiveďte k varu a za stálého míchání vařte, dokud omáčka není čirá a nezhoustne.

Hovězí maso s čínským zelím

Server 4

225 g libového hovězího masa
30 ml / 2 lžíce arašídového oleje.
350 g bok choy, strouhaný
120 ml / 4 fl oz / ¬Ω šálek hovězího vývaru
sůl a čerstvě mletý pepř
10 ml / 2 lžičky kukuřičné mouky (kukuřičný škrob)

30 ml / 2 lžíce vody

Maso nakrájejte na tenké plátky proti srsti. Rozpálíme olej a maso opečeme do zlatova. Přidejte bok choy a restujte, dokud nebude mírně měkký. Přilijeme vývar, přivedeme k varu a dochutíme solí a pepřem. Přikryjeme a dusíme 4 minuty, dokud maso nezměkne. Smíchejte kukuřičný škrob a vodu, nalijte do pánve a vařte za stálého míchání, dokud omáčka nezhoustne.

Telecí kotleta Suey

Server 4

3 celerové tyčinky, nakrájené na plátky
100 g fazolových klíčků
100 g růžičky brokolice
60 ml / 4 polévkové lžíce arašídového oleje (arašídy).
3 jarní cibulky (jarní cibulky), nakrájené
2 stroužky česneku, mleté
1 plátek kořene zázvoru, nasekaný

225 g libového hovězího masa, nakrájeného na nudličky

45 ml / 3 lžíce sójové omáčky

15 ml / 1 polévková lžíce rýžového vína nebo suchého sherry

5 ml / 1 lžička soli

2,5 ml / ½ lžičky cukru

čerstvě mletý pepř

15 ml / 1 polévková lžíce kukuřičné mouky (kukuřičný škrob)

Celer, fazolové klíčky a brokolici spařte 2 minuty ve vroucí vodě, poté sceďte a osušte. Rozpálíme 45 ml / 3 lžíce oleje a orestujeme jarní cibulku, česnek a zázvor dozlatova. Přidejte maso a restujte 4 minuty. Vyjměte z pánve. Zbylý olej rozehřejte a zeleninu na něm 3 minuty opékejte. Přidejte maso, sójovou omáčku, víno nebo sherry, sůl, cukr a špetku pepře a restujte 2 minuty. Kukuřičný škrob smícháme s trochou vody, vlijeme do pánve a za stálého míchání dusíme, dokud omáčka nezesvětlí a nezhoustne.

hovězí maso s okurkou

1 libra / 450 g hovězí ocasní kosti, nakrájené na tenké plátky

45 ml / 3 lžíce sójové omáčky

30 ml / 2 lžíce kukuřičné mouky (kukuřičný škrob)

60 ml / 4 polévkové lžíce arašídového oleje (arašídy).

2 okurky, oloupané, zbavené semínek a nakrájené na plátky

60 ml / 4 lžíce kuřecího vývaru

30 ml / 2 lžíce rýžového vína nebo suchého sherry

sůl a čerstvě mletý pepř

Vložte steak do misky. Smíchejte sójovou omáčku a kukuřičný škrob a spojte se steakem. Nechte 30 minut marinovat. Zahřejte polovinu oleje a opékejte okurky po dobu 3 minut, dokud nebudou matné, poté vyjměte z pánve. Rozehřejte zbývající olej a steak opečte do zlatova. Přidejte okurky a restujte 2 minuty. Přidejte vývar, víno nebo sherry a dochuťte solí a pepřem. Přiveďte k varu, přikryjte a vařte 3 minuty.

maso chow mein

Server 4

Svíčková 750 g / 1 ¬Ω lb

2 cibule

45 ml / 3 lžíce sójové omáčky

45 ml / 3 lžíce rýžového vína nebo suchého sherry

15 ml / 1 polévková lžíce arašídového másla

5 ml / 1 lžička citronové šťávy

350 g vaječné pasty

60 ml / 4 polévkové lžíce arašídového oleje (arašídy).

175 ml / 6 fl oz / ¬œ šálek kuřecího vývaru

15 ml / 1 polévková lžíce kukuřičné mouky (kukuřičný škrob)

30 ml / 2 lžíce ústřicové omáčky

4 jarní cibulky (jarní cibulky), nakrájené

3 celerové tyčinky, nakrájené na plátky

100 g nakrájených žampionů

1 zelená paprika, nakrájená na proužky

100 g fazolových klíčků

Maso odřízněte a odřízněte tuk. Parmazán nakrájejte příčně na tenké plátky. Cibuli nakrájíme na měsíčky a oddělíme vrstvy. Smíchejte 15 ml / 1 polévkovou lžíci sójové omáčky s 15 ml / 1 polévkovou lžící vína nebo sherry, arašídovým máslem a citronovou šťávou. Přidejte maso, přikryjte a nechte 1 hodinu odpočívat. Nudle vaříme ve vroucí vodě asi 5 minut nebo do měkka. Dobře sceďte. Zahřejte 15 ml / 1 polévkovou lžíci oleje, přidejte 15 ml / 1 polévkovou lžíci sójové omáčky a nudle a opékejte 2 minuty dozlatova. Přeneste na teplý servírovací talíř.

Smíchejte zbývající sójovou omáčku a víno nebo sherry s vývarem, kukuřičným škrobem a ústřicovou omáčkou. Zahřejte 15 ml / 1 polévkovou lžíci oleje a 1 minutu smažte cibuli. Přidejte celer, houby, pepř a fazolové klíčky a restujte 2 minuty. Vyjměte z woku. Zbylý olej rozehřejeme a maso na něm orestujeme do zhnědnutí. Přilijeme vývar, přivedeme k varu, přikryjeme pokličkou a 3 minuty dusíme. Zeleninu vraťte do woku a vařte za stálého míchání asi 4 minuty, dokud nebude horká. Směsí přelijeme nudle a podáváme.

okurkový steak

Server 4

450 g filé z panenky
10 ml / 2 lžičky kukuřičné mouky (kukuřičný škrob)
10 ml / 2 lžičky soli
2,5 ml / ¬Ω lžičky čerstvě mletého pepře
90 ml / 6 lžic arašídového oleje.
1 cibule, nakrájená nadrobno
1 okurka, oloupaná a nakrájená
120 ml / 4 fl oz / ¬Ω šálek hovězího vývaru

Steak nakrájejte na nudličky a poté na tenké plátky proti srsti. Dáme do mísy a přidáme kukuřičný škrob, sůl, pepř a polovinu oleje. Nechte 30 minut marinovat. Rozehřejte zbylý olej a opečte na něm maso s cibulí do zlatova. Přidejte okurky a vývar, přiveďte k varu, přikryjte a vařte 5 minut.

Pečené hovězí kari

Server 4

45 ml / 3 lžíce másla
15 ml / 1 polévková lžíce kari
45 ml / 3 polévkové lžíce mouky (univerzální).
375 ml / 13 fl oz / 1¬Ω šálky mléka
15 ml / 1 polévková lžíce sójové omáčky
sůl a čerstvě mletý pepř
450 g vařeného mletého masa
100 g hrášku

2 mrkve, nakrájené

2 cibule, nakrájené

225 g vařené dlouhozrnné rýže, horké

1 vejce natvrdo (vařené), nakrájené na plátky

Rozpusťte máslo, přidejte kari a mouku a povařte 1 minutu. Přidejte mléko a sójovou omáčku, přiveďte k varu a vařte za stálého míchání 2 minuty. Dochuťte solí a pepřem. Přidejte hovězí maso, hrášek, mrkev a cibuli a dobře promíchejte, aby se obalila omáčkou. Přidejte rýži, poté směs přendejte na plech a pečte v předehřáté troubě na 200 ∞ C / 400 ∞ F / stupeň plynu 6 po dobu 20 minut, dokud zelenina nezměkne. Podáváme ozdobené plátky natvrdo uvařeného vejce.

marinovaná mušle

Server 4

450 g / 1 lb plechovka mušlí

45 ml / 3 lžíce sójové omáčky

30 ml / 2 lžíce vinného octa

5 ml / 1 lžička cukru

pár kapek sezamového oleje

Mušle sceďte a nakrájejte na tenké plátky nebo proužky. Smíchejte zbytek ingrediencí, nalijte na mušle a dobře promíchejte. Přikryjte a dejte na 1 hodinu do chladničky.

Dusíme bambusové výhonky

Server 4

60 ml / 4 polévkové lžíce arašídového oleje (arašídy).
225 g bambusových výhonků nakrájených na proužky
60 ml / 4 lžíce kuřecího vývaru
15 ml / 1 polévková lžíce sójové omáčky
5 ml / 1 lžička cukru
5 ml / 1 lžička rýžového vína nebo suchého sherry

Rozehřejte olej a 3 minuty opékejte bambusové výhonky. Smíchejte vývar, sójovou omáčku, cukr a víno nebo sherry a vložte je do pánve. Přikryjte a vařte na mírném ohni 20 minut. Před podáváním nechte vychladnout a vychladit.

Kuřecí okurka

Server 4

1 okurka, oloupaná a zbavená semínek
225 g vařeného kuřete, nakrájeného na malé kousky
5 ml / 1 lžička hořčičného prášku
2,5 ml / ¬Ω lžičky soli
30 ml / 2 lžíce vinného octa

Okurku nakrájejte na proužky a dejte je na servírovací talíř. Navrch naaranžujte kuře. Smíchejte hořčici, sůl a vinný ocet a těsně před podáváním nalijte kuře.

Sezamové kuře

Server 4

350 g vařeného kuřete

120 ml / 4 fl oz / ½ šálek vody

5 ml / 1 lžička hořčičného prášku

15 ml / 1 polévková lžíce sezamových semínek

2,5 ml / ½ lžičky soli

špetka cukru

45 ml / 3 polévkové lžíce nasekaného čerstvého koriandru

5 jarních cibulek (jarních cibulek), nakrájených

½ hlávka salátu, nastrouhaná

Kuřecí maso nakrájíme na tenké nudličky. V hořčici rozmíchejte tolik vody, aby vznikla hladká pasta, a přidejte ke kuřeti. Sezamová semínka opražte na suché pánvi dozlatova, poté je přidejte ke kuře a posypte solí a cukrem. Přidejte polovinu petrželky a jarní cibulky a dobře promíchejte. Salát naaranžujte na servírovací talíř, ozdobte kuřecí směsí a ozdobte zbylou petrželkou.

Liči se zázvorem

Server 4

1 velký meloun, rozpůlený a zbavený jádřinců
450 g / 1 lb konzervované liči, scezené
5 cm / 2 stonky zázvoru, nakrájené na plátky
nějaké lístky máty

Půlky melounu naplňte liči a zázvorem, ozdobte lístky máty. Před podáváním vychlaďte.

Červená vařená kuřecí křídla

Server 4

8 kuřecích křídel
2 jarní cibulky (jarní cibulky), nakrájené
75 ml / 5 lžic sójové omáčky
120 ml / 4 fl oz / ¬Ω šálek vody
30 ml / 2 lžíce hnědého cukru

Odřízněte a vyhoďte kostnaté konce kuřecích křídel a rozpůlte je. Vložíme do hrnce s ostatními surovinami, přivedeme k varu, přikryjeme a vaříme na mírném ohni 30 minut. Odstraňte poklici a pokračujte ve vaření na mírném ohni dalších 15 minut za častého podlévání. Nechte vychladnout a poté před podáváním vychlaďte.

Krabí maso s okurkou

Server 4

100 g krabího masa ve vločkách
2 okurky, oloupané a nakrájené
1 plátek kořene zázvoru, nasekaný
15 ml / 1 polévková lžíce sójové omáčky
30 ml / 2 lžíce vinného octa
5 ml / 1 lžička cukru
pár kapek sezamového oleje

Krabí maso a okurky dejte do mísy. Smíchejte zbylé ingredience, nalijte na směs krabího masa a dobře promíchejte. Před podáváním přikryjte a dejte na 30 minut do chladničky.

marinované houby

Server 4

225 g žampionů

30 ml / 2 lžíce sójové omáčky

15 ml / 1 polévková lžíce rýžového vína nebo suchého sherry

špetka soli

pár kapek Tabasca

pár kapek sezamového oleje

Houby spaříme 2 minuty ve vroucí vodě, poté scedíme a osušíme. Dáme do mísy a přelijeme ostatními ingrediencemi. Dobře promíchejte a před podáváním nechte vychladnout.

Marinované česnekové houby

Server 4

225 g žampionů
3 stroužky česneku, nasekané
30 ml / 2 lžíce sójové omáčky
30 ml / 2 lžíce rýžového vína nebo suchého sherry
15 ml / 1 polévková lžíce sezamového oleje
špetka soli

Houby a česnek dejte do cedníku, zalijte vroucí vodou a nechte 3 minuty odstát. Sceďte a dobře osušte. Zbytek ingrediencí smícháme, houby zalijeme marinádou a marinujeme 1 hodinu.

Krevety a květák

Server 4

225 g růžičky květáku
100 g loupaných krevet
15 ml / 1 polévková lžíce sójové omáčky
5 ml / 1 lžička sezamového oleje

Květák vařte samostatně asi 5 minut, dokud nebude měkký, ale stále křupavý. Smícháme s krevetami, pokapeme sójovou omáčkou a sezamovým olejem a promícháme. Před podáváním vychlaďte.

Šunkové tyčinky se sezamem

Server 4

225 g šunky nakrájené na nudličky
10 ml / 2 lžičky sójové omáčky
2,5 ml / ¬Ω lžička sezamového oleje

Rozložte šunku do servírovací misky. Smíchejte sójovou omáčku a sezamový olej, posypte šunkou a podávejte.

studené tofu

Server 4

450 g tofu, nakrájené na plátky
45 ml / 3 lžíce sójové omáčky
45 ml / 3 polévkové lžíce arašídového oleje (arašídy).
čerstvě mletý pepř

Tofu vložte po několika plátcích do cedníku a ponořte do vroucí vody na 40 sekund, poté sceďte a dejte na talíř. Nechat vychladnout. Smícháme sójovou omáčku a olej, posypeme tofu a podáváme posypané pepřem.

Kuře se slaninou

Server 4

225 g kuřecího masa na velmi tenké plátky
75 ml / 5 lžic sójové omáčky
15 ml / 1 polévková lžíce rýžového vína nebo suchého sherry
1 stroužek česneku, rozdrcený
15 ml / 1 polévková lžíce hnědého cukru
5 ml / 1 lžička soli
5 ml / 1 lžička nakrájeného kořene zázvoru
225 g libové slaniny nakrájené na kostičky
100 g vodních kaštanů, nakrájených na velmi tenké plátky
30 ml / 2 lžíce medu

Vložte kuře do misky. Smíchejte 45 ml / 3 lžíce sójové omáčky s vínem nebo sherry, česnekem, cukrem, solí a zázvorem, nalijte na kuře a marinujte cca. 3 hodiny. Na kebabové špízy dejte kuře, slaninu a kaštany. Zbylou sójovou omáčku smíchejte s medem a potřete špejlí. Grilujte (grilujte) pod rozpáleným grilem asi 10 minut, dokud nejsou propečené, často otáčejte a během pečení potřete další polevou.

Kuřecí a banánové hranolky

Server 4

2 vařená kuřecí prsa

2 tvrdé banány

6 plátků chleba

4 vejce

120 ml / 4 fl oz / ¬Ω šálek mléka

50 g / 2 oz / ¬Ω šálek univerzální mouky.

225 g / 8 uncí / 4 šálky čerstvé strouhanky

smažit olej

Kuřecí maso nakrájíme na 24 kusů. Banány oloupeme a nakrájíme podélně na čtvrtky. Každou čtvrtinu nakrájejte na třetiny, abyste získali 24 kusů. Z chleba odkrojíme kůrku a nakrájíme na čtvrtky. Rozšleháme vejce a mléko a natřeme na jednu stranu chleba. Na vejci pokrytou stranu každého kousku chleba položte kousek kuřete a kousek banánu. Čtverce lehce pomoučněte, poté je obalte ve vejci a obalte ve strouhance. Znovu projděte vejce a struhadla. Rozpálíme olej a smažíme po několika čtvercích do zlatova. Před podáváním nechte okapat na kuchyňském papíře.

Kuře se zázvorem a houbami

Server 4

225 g kuřecích prsních řízků
5 ml / 1 lžička prášku z pěti koření
15 ml / 1 polévková lžíce mouky (univerzální).
120 ml / 4 fl oz / ¬Ω šálek arašídového oleje (arašídy).
4 šalotky, rozpůlené
1 stroužek česneku, nakrájený na plátky
1 plátek kořene zázvoru, nasekaný
25 g / 1 oz / ¬° šálek kešu ořechů
5 ml / 1 lžička medu
15 ml / 1 polévková lžíce rýžové mouky
75 ml / 5 lžic rýžového vína nebo suchého sherry
100 g žampionů na čtvrtky
2,5 ml / ¬Ω lžičky kurkumy
6 žlutých chilli papriček, rozpůlených
5 ml / 1 lžička sójové omáčky
¬¬ citronová šťáva
sůl a pepř
4 křupavé listy salátu

Kuřecí prsa nakrájíme diagonálně s parmazánem na tenké nudličky. Posypeme práškem z pěti koření a lehce zasypeme moukou. Zahřejte 15 ml/1 lžíci oleje a opečte kuře do zlatova. Vyjměte z pánve. Rozehřejte ještě trochu oleje a 1 minutu opékejte šalotku, česnek, zázvor a kešu. Přidejte med a míchejte, dokud nebude zelenina obalená. Zaprášíme moukou a přidáme víno nebo sherry. Přidejte houby, kurkumu a chilli a vařte 1 minutu. Přidejte kuře, sójovou omáčku, polovinu citronové šťávy, sůl a pepř a prohřejte. Vyjměte z pánve a udržujte v teple. Rozehřejte ještě trochu oleje, přidejte listy salátu a rychle orestujte, dochuťte solí, pepřem a zbylou limetkovou šťávou.

kuře a šunka

Server 4

225 g kuřecího masa na velmi tenké plátky
75 ml / 5 lžic sójové omáčky
15 ml / 1 polévková lžíce rýžového vína nebo suchého sherry
15 ml / 1 polévková lžíce hnědého cukru
5 ml / 1 lžička nakrájeného kořene zázvoru
1 stroužek česneku, rozdrcený
225 g vařené šunky nakrájené na kostičky
30 ml / 2 lžíce medu

Vložte kuře do misky se 45 ml/3 lžícemi sójové omáčky, vínem nebo sherry, cukrem, zázvorem a česnekem. Nechte 3 hodiny marinovat. Kuře a šunku položte na kebabové špízy. Zbylou sójovou omáčku smíchejte s medem a potřete špejlí. Grilujte (grilujte) pod rozpáleným grilem asi 10 minut, během pečení často otáčejte a potírejte polevou.

Grilovaná kuřecí játra

Server 4

450 g kuřecích jater

45 ml / 3 lžíce sójové omáčky

15 ml / 1 polévková lžíce rýžového vína nebo suchého sherry

15 ml / 1 polévková lžíce hnědého cukru

5 ml / 1 lžička soli

5 ml / 1 lžička nakrájeného kořene zázvoru

1 stroužek česneku, rozdrcený

Kuřecí játra spařte 2 minuty ve vroucí vodě a poté dobře sceďte. Vložíme do mísy se všemi ostatními surovinami kromě oleje a marinujeme asi 3 hodiny. Kuřecí játra natáhněte na kebabové špízy a opékejte (grilujte) pod rozpáleným grilem cca. 8 minut dozlatova.

Krabí kuličky s vodními kaštany

Server 4

450 g krabího masa, mletého
100 g nasekaných vodních kaštanů
1 stroužek česneku, rozdrcený
1 cm/¬Ω nakrájený kořen zázvoru, nasekaný
45 ml / 3 lžíce kukuřičné mouky (kukuřičný škrob)
30 ml / 2 lžíce sójové omáčky
15 ml / 1 polévková lžíce rýžového vína nebo suchého sherry
5 ml / 1 lžička soli
5 ml / 1 lžička cukru
3 rozšlehaná vejce
smažit olej

Všechny suroviny kromě oleje smícháme a tvoříme kuličky. Rozehřejte olej a smažte krabí kuličky do zlatova. Před podáváním dobře sceďte.

dim sum

Server 4

100 g oloupaných krevet, nakrájených
225 g libového vepřového masa, nakrájeného nadrobno
50 g bok choy, jemně nasekané
3 jarní cibulky (jarní cibulky), nakrájené
1 rozšlehané vejce
30 ml / 2 lžíce kukuřičné mouky (kukuřičný škrob)
10 ml / 2 lžičky sójové omáčky
5 ml / 1 lžička sezamového oleje
5 ml / 1 lžička ústřicové omáčky
24 wonton skinů
smažit olej

Smíchejte krevety, vepřové maso, zelí a jarní cibulku. Smíchejte vejce, kukuřičný škrob, sójovou omáčku, sezamový olej a ústřicovou omáčku. Po lžících nakapejte směs do středu každé wontonové kůže. Obaly opatrně obtočte kolem náplně, okraje přehněte, ale horní část nechte otevřenou. Rozehřejte olej a po troškách smažte dim sum do zlatova. Dobře sceďte a podávejte teplé.

Šunka a kuřecí rolky

Server 4

2 kuřecí prsa

1 stroužek česneku, rozdrcený

2,5 ml / ¬Ω lžičky soli

2,5 ml / ¬Ω čajová lžička prášku z pěti koření

4 plátky vařené šunky

1 rozšlehané vejce

30 ml / 2 lžíce mléka

25 g / 1 oz / ¬° šálek hladké mouky (univerzální).

4 slupky od vajec

smažit olej

Kuřecí prsa rozkrojíme napůl. Šlehejte je, dokud nebudou velmi tenké. Smíchejte česnek, sůl a prášek z pěti koření a posypte kuře. Na každý kus kuřete položte plátek šunky a dobře srolujte. Smíchejte vejce a mléko. Kuřecí kousky lehce pomoučněte a poté je ponořte do vaječné směsi. Každý kousek položíme na slupku válečku a okraje potřeme rozšlehaným vejcem. Sklopte strany dovnitř, pak srolujte a sevřete okraje, aby se utěsnily. Rozpálíme olej a závitky smažíme asi 5 minut do zlatova.

zlaté a uvařené. Nechte okapat na kuchyňském papíře a poté diagonálně nakrájejte silné plátky, abyste mohli podávat.

Pečená šunka točí

Server 4

350 g / 12 oz / 3 šálky mouky (univerzální).

175 g / 6 uncí / ¬œ šálek másla

120 ml / 4 fl oz / ¬Ω šálek vody

225 g nakrájené šunky

100 g nasekaných bambusových výhonků

2 jarní cibulky (jarní cibulky), nakrájené

15 ml / 1 polévková lžíce sójové omáčky

30 ml / 2 lžíce sezamových semínek

Do mísy dejte mouku a přidejte máslo. Smíchejte ve vodě, aby vznikla pasta. Těsto rozválíme a nakrájíme na kolečka 5 cm/2 cm. Smíchejte všechny ostatní ingredience kromě sezamových semínek a nalijte do každého kolečka. Okraje listového těsta potřeme vodou a uzavřeme. Vnějšek potřeme vodou a posypeme sezamovými semínky. Pečte v předehřáté troubě na 180¬∞C / 350¬∞F / plyn stupeň 4 po dobu 30 minut.

pseudo uzená ryba

Server 4

1 mořský okoun

3 plátky kořene zázvoru, nakrájené na plátky

1 stroužek česneku, rozdrcený

1 jarní cibulka, často nakrájená na plátky

75 ml / 5 lžic sójové omáčky

30 ml / 2 lžíce rýžového vína nebo suchého sherry

2,5 ml / ¬Ω lžičky mletého anýzu

2,5 ml / ¬Ω lžička sezamového oleje

10 ml / 2 lžičky cukru

120 ml / 4 fl oz / ¬Ω šálek vývaru

smažit olej

5 ml / 1 lžička kukuřičné mouky (kukuřičný škrob)

Rybu oloupejte a nakrájejte na 5 mm (¬° in) plátky s protivlákny. Smíchejte zázvor, česnek, jarní cibulku, 60 ml / 4 lžíce sójové omáčky, sherry, anýzový a sezamový olej. Nalijte na rybu a nechte ji pěkně aromatizovat. Nechte 2 hodiny za občasného míchání.

Marinádu sceďte na pánvi a rybu poklepejte na kuchyňský papír. Přidejte cukr, vývar a zbývající sójovou omáčku.

marinádu, přiveďte k varu a vařte 1 minutu. Pokud chceme, aby omáčka zhoustla, rozmícháme kukuřičný škrob s trochou studené vody, přidáme do omáčky a za stálého míchání dusíme, dokud omáčka nezhoustne.

Mezitím rozehřejte olej a rybu opečte do zlatova. Dobře sceďte. Kousky ryby namáčejte v marinádě a položte je na teplý talíř. Podávejte teplé nebo studené.

dušené houby

Server 4

12 velkých kapliček sušených hub
225 g krabího masa
3 nakrájené vodní kaštany
2 jarní cibulky (jarní cibulky), nakrájené nadrobno
1 vaječný bílek
15 ml / 1 polévková lžíce kukuřičné mouky (kukuřičný škrob)
15 ml / 1 polévková lžíce sójové omáčky
15 ml / 1 polévková lžíce rýžového vína nebo suchého sherry

Houby namočte přes noc do teplé vody. Vyždímejte do sucha. Zbytek ingrediencí smícháme a naplníme jimi kloboučky hub. Umístěte na parní rošt a vařte v páře 40 minut. Podávejte teplé.

Houby v ústřicové omáčce

Server 4

10 sušených čínských hub
250 ml / 8 fl oz / 1 šálek hovězího vývaru
15 ml / 1 polévková lžíce kukuřičné mouky (kukuřičný škrob)
30 ml / 2 lžíce ústřicové omáčky
5 ml / 1 lžička rýžového vína nebo suchého sherry

Houby namočte na 30 minut do horké vody, poté sceďte a odložte si 250 ml / 8 fl oz / 1 šálek namáčecí tekutiny. Vyhoďte stonky. Smíchejte 60 ml / 4 polévkové lžíce hovězího vývaru s kukuřičným škrobem, dokud nezískáte pastu. Zbylý hovězí vývar s houbami a houbovou tekutinou přivedeme k varu, přikryjeme a dusíme 20 minut. Houby vyjměte z tekutiny děrovanou lžící a položte na teplý talíř. Do pánve přidejte ústřicovou omáčku a sherry a za stálého míchání vařte 2 minuty. Přidejte kukuřičnou pastu a vařte na mírném ohni za míchání, dokud omáčka nezhoustne. Nalijte na houby a ihned podávejte.

Vepřové a salátové závitky

Server 4

4 sušené čínské houby
15 ml / 1 polévková lžíce arašídového oleje (arašíd).
225 g libového vepřového masa, mletého
100 g nasekaných bambusových výhonků
100 g nasekaných vodních kaštanů
4 jarní cibulky (jarní cibulky), nakrájené
175 g krabího masa ve vločkách
30 ml / 2 lžíce rýžového vína nebo suchého sherry
15 ml / 1 polévková lžíce sójové omáčky
10 ml / 2 lžičky ústřicové omáčky
10 ml / 2 lžičky sezamového oleje
9 čínských listů

Houby namočte na 30 minut do teplé vody, poté slijte. Odstraňte stonky a nakrájejte klobouky. Rozehřejte olej a vepřové maso opékejte 5 minut. Přidejte houby, bambusové výhonky, vodní kaštany, jarní cibulku a krabí maso a 2 minuty restujte. Smíchejte víno nebo sherry, sójovou omáčku, ústřicovou omáčku a sezamový olej a vmíchejte do pánve. Odstraňte z tepla. Mezitím blanšírujte čínské listy ve vroucí vodě po dobu 1 minuty.

vypustit. Umístěte lžíci vepřové směsi do středu každého plátu, přehněte strany dolů a srolujte, abyste mohli podávat.

Vepřové a kaštanové karbanátky

Server 4

450 g mletého vepřového masa (mleté).

50 g žampionů, nakrájených nadrobno

50 g vodních kaštanů, nasekaných nadrobno

1 stroužek česneku, rozdrcený

1 rozšlehané vejce

30 ml / 2 lžíce sójové omáčky

15 ml / 1 polévková lžíce rýžového vína nebo suchého sherry

5 ml / 1 lžička nakrájeného kořene zázvoru

5 ml / 1 lžička cukru

Sůl

30 ml / 2 lžíce kukuřičné mouky (kukuřičný škrob)

smažit olej

Všechny ingredience kromě kukuřičného škrobu smícháme a ze směsi tvoříme kuličky. Kukuřičný škrob srolujte dohromady. Rozehřejte olej a karbanátky opékejte asi 10 minut do zlatova. Před podáváním dobře sceďte.

vepřové kuličky

Podává 4,6

450 g / 1 libra mouky (univerzální).

500 ml / 17 fl oz / 2 šálky vody

450 g vařeného vepřového masa, mletého

225 g oloupaných krevet, nakrájených

4 řapíkatý celer, nakrájený

15 ml / 1 polévková lžíce sójové omáčky

15 ml / 1 polévková lžíce rýžového vína nebo suchého sherry

15 ml / 1 polévková lžíce sezamového oleje

5 ml / 1 lžička soli

2 jarní cibulky (jarní cibulky), nakrájené nadrobno

2 stroužky česneku, mleté

1 plátek kořene zázvoru, nasekaný

Mouku a vodu mícháme, dokud těsto není měkké a dobře se hněte. Přikryjte a nechte 10 minut odpočinout. Těsto protáhněte co nejtenčí a nakrájejte na 5 cm kolečka. Všechny ostatní ingredience smícháme dohromady. Do každého kruhu dejte lžíci směsi, navlhčete okraje a uzavřete je do půlkruhu. Přiveďte k varu hrnec s vodou, poté opatrně vložte noky do vody.

Vepřové a hovězí knedlíky

Server 4

100 g mletého vepřového masa (mleté).

100 g mletého hovězího masa (mleté).

1 plátek strouhané slaniny, nakrájený (nasekaný)

15 ml / 1 polévková lžíce sójové omáčky

sůl a pepř

1 rozšlehané vejce

30 ml / 2 lžíce kukuřičné mouky (kukuřičný škrob)

smažit olej

Hovězí maso a slaninu smícháme dohromady a dochutíme solí a pepřem. Smícháme s vajíčkem, tvoříme kuličky o velikosti vlašského ořechu a posypeme kukuřičným škrobem. Rozehřejte olej a orestujte ho dozlatova. Před podáváním dobře sceďte.

motýlí krevety

Server 4

450 g loupaných velkých krevet
15 ml / 1 polévková lžíce sójové omáčky
5 ml / 1 lžička rýžového vína nebo suchého sherry
5 ml / 1 lžička nakrájeného kořene zázvoru
2,5 ml / ¬Ω lžičky soli
2 rozšlehaná vejce
30 ml / 2 lžíce kukuřičné mouky (kukuřičný škrob)
15 ml / 1 polévková lžíce mouky (univerzální).
smažit olej

Krevety nařízněte uprostřed bedra a rozložte je do tvaru motýla. Smíchejte sójovou omáčku, víno nebo sherry, zázvor a sůl. Nalijte na krevety a marinujte 30 minut. Vyjměte z marinády a osušte. Vejce šlehejte s kukuřičným škrobem a moukou, dokud nezískáte těsto a krevety v něm namáčejte. Rozehřejte olej a opečte krevety do zlatova. Před podáváním dobře sceďte.

Čínské krevety

Server 4

450 g vyloupaných krevet
30 ml / 2 lžíce worcesterské omáčky
15 ml / 1 polévková lžíce sójové omáčky
15 ml / 1 polévková lžíce rýžového vína nebo suchého sherry
15 ml / 1 polévková lžíce hnědého cukru

Vložte krevety do misky. Smícháme ostatní suroviny, nalijeme na krevety a necháme 30 minut marinovat. Přendejte na plech a pečte v předehřáté troubě na 150¬∞C / 300¬∞F / plyn stupeň 2 po dobu 25 minut. Podávejte teplé nebo studené se skořápkami, na které mohou hosté lézt.

dračí mraky

Server 4

100 g krevetových sušenek
smažit olej

Zahřejte olej, dokud nebude velmi horký. Přidejte hrst krevetových sušenek najednou a smažte několik sekund, dokud nenafouknou. Vyjměte z oleje a nechte okapat na kuchyňském papíře, zatímco budete smažit sušenky.

křupavé krevety

Server 4

450 g loupaných tygřích krevet

15 ml / 1 polévková lžíce rýžového vína nebo suchého sherry

10 ml / 2 lžičky sójové omáčky

5 ml / 1 lžička prášku z pěti koření

sůl a pepř

90 ml / 6 lžic kukuřičné mouky (kukuřičný škrob)

2 rozšlehaná vejce

100 g strouhanky

arašídový olej na smažení

Smíchejte krevety s vínem nebo sherry, sójovou omáčkou a práškem z pěti koření a dochuťte solí a pepřem. Vydlabejte je v kukuřičné mouce a poté je nasypte do rozšlehaného vejce a strouhanky. Smažíme ve vroucím oleji několik minut do zlatova, scedíme a ihned podáváme.

Krevety se zázvorovou omáčkou

Server 4

15 ml / 1 polévková lžíce sójové omáčky
5 ml / 1 lžička rýžového vína nebo suchého sherry
5 ml / 1 lžička sezamového oleje
450 g loupaných krevet
30 ml / 2 lžíce nasekané čerstvé petrželky
15 ml / 1 polévková lžíce vinného octa
5 ml / 1 lžička nakrájeného kořene zázvoru

Smíchejte sójovou omáčku, víno nebo sherry a sezamový olej. Nalijte na krevety, zakryjte a nechte 30 minut marinovat. Krevety grilujte několik minut, dokud nejsou uvařené, a pokapejte marinádou. Mezitím smíchejte petržel, vinný ocet a zázvor na krevety.

Závitky s krevetami a nudlemi

Server 4

50 g vaječných těstovin, nakrájených na kousky

15 ml / 1 polévková lžíce arašídového oleje (arašíd).

50 g libového vepřového masa, nakrájeného nadrobno

100 g nakrájených hub

3 jarní cibulky (jarní cibulky), nakrájené

100 g oloupaných krevet, nakrájených

15 ml / 1 polévková lžíce rýžového vína nebo suchého sherry

sůl a pepř

24 wonton skinů

1 rozšlehané vejce

smažit olej

Nudle vaříme ve vroucí vodě 5 minut, poté je scedíme a nakrájíme. Rozehřejte olej a vepřové maso opékejte 4 minuty. Přidejte houby a cibuli a restujte 2 minuty, poté stáhněte z ohně. Přidejte krevety, víno nebo sherry a nudle a dochuťte solí a pepřem. Do středu každé wontonové slupky dejte lžičky směsi a okraje potřete rozšlehaným vejcem. Přehněte okraje, pak obaly srolujte a okraje utěsněte. Rozehřejte olej a opečte závitky a několik najednou asi 5 minut do zlatohněda. Před podáváním nechte okapat na kuchyňském papíře.

krevetový toast

Server 4

2 vejce 450 g loupaných krevet, nakrájených
15 ml / 1 polévková lžíce kukuřičné mouky (kukuřičný škrob)
1 cibule, nakrájená nadrobno
30 ml / 2 lžíce sójové omáčky
15 ml / 1 polévková lžíce rýžového vína nebo suchého sherry
5 ml / 1 lžička soli
5 ml / 1 lžička nakrájeného kořene zázvoru
8 plátků chleba nakrájených na trojúhelníky
smažit olej

Smíchejte 1 vejce se všemi ostatními surovinami kromě chleba a oleje. Směs nalijte na chlebové trojúhelníčky a vmáčkněte do kopule. Potřeme zbylým vejcem. Teplé cca. 5 cm oleje a opečte trojúhelníčky chleba dozlatova. Před podáváním dobře sceďte.

Vepřové maso a krevety wonton se sladkokyselou omáčkou

Server 4

120 ml / 4 fl oz / ¬Ω šálek vody

60 ml / 4 polévkové lžíce vinného octa

60 ml / 4 lžíce hnědého cukru

30 ml / 2 lžíce rajčatového protlaku (pasta)

10 ml / 2 lžičky kukuřičné mouky (kukuřičný škrob)

25 g nakrájených hub

25 g oloupaných krevet, nakrájených

50 g libového vepřového masa, mletého

2 jarní cibulky (jarní cibulky), nakrájené

5 ml / 1 lžička sójové omáčky

2,5 ml / ¬Ω lžičky strouhaného kořene zázvoru

1 stroužek česneku, rozdrcený

24 wonton skinů

smažit olej

V hrnci smíchejte vodu, vinný ocet, cukr, rajčatový protlak a kukuřičný škrob. Za stálého míchání přiveďte k varu a poté 1 minutu povařte. Odstraňte z tepla a udržujte v teple.

Kombinujte houby, krevety, vepřové maso, jarní cibulku, sójovou omáčku, zázvor a česnek. Do každé slupky naneste lžíci náplně, okraje potřete vodou a přimáčkněte, aby se uzavřel.

Rozehřejte olej a smažte wontony po několika do zlatova.

Necháme okapat na kuchyňském papíře a podáváme horké se sladkokyselou omáčkou.

Kuřecí polévka

Vyrobí 2 litry / 3½ bodů / 8½ šálků

1,5 kg / 2 lb vařených nebo syrových kuřecích stehen

450 g vepřové kosti

1 cm / ½ kořene zázvoru na kousky

3 jarní cibulky (jarní cibulky), nakrájené na plátky

1 stroužek česneku, rozdrcený

5 ml / 1 lžička soli

2,25 litru / 4pt / 10 sklenic vody

Všechny ingredience přiveďte k varu, přikryjte a vařte 15 minut. Odstraňte tuk. Přikryjeme a vaříme na mírném ohni 1 a půl hodiny. Filtrujte, ochlaďte a vypěňte. Zmrazte v malých porcích nebo chlaďte a spotřebujte do 2 dnů.

Polévka z vepřového masa a fazolových klíčků

Server 4

450 g mletého vepřového masa

1,5 l / 2½ bodu / 6 šálků kuřecího vývaru

5 plátků kořene zázvoru

350 g fazolových klíčků

15 ml / 1 lžička soli

Vepřové maso spaříme 10 minut ve vroucí vodě, poté scedíme. Přiveďte vývar k varu a přidejte vepřové maso a zázvor. Přikryjte a vařte na mírném ohni 50 minut. Přidejte fazolové klíčky a sůl a vařte 20 minut.

Abalone a houbová polévka

Server 4

60 ml / 4 polévkové lžíce arašídového oleje (arašídy).

100 g libového vepřového masa, nakrájeného na nudličky

225 g konzervované mušle nakrájené na proužky

100 g nakrájených žampionů

2 celerové tyčinky, nakrájené na plátky

50 g šunky, nakrájené na nudličky

2 cibule, nakrájené na plátky

1,5 l / 2½ bodu / 6 šálků vody

30 ml / 2 lžíce vinného octa

45 ml / 3 lžíce sójové omáčky

2 plátky kořene zázvoru, nakrájené

sůl a čerstvě mletý pepř

15 ml / 1 polévková lžíce kukuřičné mouky (kukuřičný škrob)

45 ml / 3 polévkové lžíce vody

Rozehřejte olej a opékejte vepřové maso, mušle, houby, celer, šunku a cibuli 8 minut. Přidejte vodu a vinný ocet, přiveďte k varu, přikryjte a vařte 20 minut. Přidejte sójovou omáčku, zázvor, sůl a pepř. Míchejte kukuřičný škrob, dokud nezískáte pastu vody, vlijte do polévky a za stálého míchání vařte 5 minut, dokud polévka není čirá a nezhoustne.

Kuřecí a chřestová polévka

Server 4

100 g kuřecího masa, nakrájeného
2 bílky
2,5 ml / ½ lžičky soli
30 ml / 2 lžíce kukuřičné mouky (kukuřičný škrob)
225 g chřestu nakrájeného na 5 cm kousky
100 g fazolových klíčků
1,5 l / 2½ bodu / 6 šálků kuřecího vývaru
100 g houbových hub

Smíchejte kuře s bílky, solí a kukuřičným škrobem a nechte 30 minut odpočinout. Kuře vařte ve vroucí vodě asi 10 minut, dokud nebude uvařené, a poté dobře sceďte. Chřest spaříme 2 minuty ve vroucí vodě a poté scedíme. Fazolové klíčky spařte 3 minuty ve vroucí vodě, poté slijte. Nalijte vývar do velké pánve a přidejte kuře, chřest, houby a fazolové klíčky. Přiveďte k varu a dochuťte solí. Vařte několik minut, aby se chutě rozvinuly, a dokud zelenina nezměkne, ale bude stále křupavá.

Hovězí polévka

Server 4

225 g / 8 oz mleté hovězí maso (mleté).
15 ml / 1 polévková lžíce sójové omáčky
15 ml / 1 polévková lžíce rýžového vína nebo suchého sherry
15 ml / 1 polévková lžíce kukuřičné mouky (kukuřičný škrob)
1,2 l / 2 body / 5 šálků kuřecího vývaru
5 ml / 1 lžička chilli omáčky
sůl a pepř
2 rozšlehaná vejce
6 jarních cibulek (jarních cibulek), nakrájených

Smíchejte maso se sójovou omáčkou, vínem nebo sherry a kukuřičným škrobem. Přidejte do vývaru a za stálého míchání přiveďte k varu. Přidáme pikantní fazolovou omáčku a dochutíme solí a pepřem, přikryjeme a dusíme cca. 10 minut za občasného míchání. Přidáme vejce a podáváme posypané jarní cibulkou.

Čínská hovězí a listová polévka

Server 4

200 g libového hovězího masa, nakrájeného na nudličky
15 ml / 1 polévková lžíce sójové omáčky
15 ml / 1 polévková lžíce arašídového oleje (arašíd).
1,5 l / 2½ bodu / 6 šálků hovězího vývaru
5 ml / 1 lžička soli
2,5 ml / ½ lžičky cukru
½ hlavy čínských listů nakrájených na kousky

Maso smícháme se sójovou omáčkou a olejem a za občasného míchání necháme 30 minut marinovat. Vývar se solí a cukrem přiveďte k varu, přidejte čínské listy a na mírném ohni vařte asi 10 minut téměř do uvaření. Přidáme maso a dusíme dalších 5 minut.

Zelňačka

Server 4

60 ml / 4 polévkové lžíce arašídového oleje (arašídy).

2 cibule, nakrájené

100 g libového vepřového masa, nakrájeného na nudličky

225 g čínského zelí, nastrouhaného

10 ml / 2 lžičky cukru

1,2 l / 2 body / 5 šálků kuřecího vývaru

45 ml / 3 lžíce sójové omáčky

sůl a pepř

15 ml / 1 polévková lžíce kukuřičné mouky (kukuřičný škrob)

Rozpálíme olej a orestujeme cibuli a vepřové maso do zlatova. Přidejte zelí a cukr a restujte 5 minut. Přidejte vývar a sójovou omáčku a dochuťte solí a pepřem. Přiveďte k varu, přikryjte a vařte 20 minut. Kukuřičný škrob smícháme s trochou vody, přidáme do polévky a za stálého míchání vaříme, dokud polévka nezhoustne a nezprůhlední.

Pikantní hovězí polévka

Server 4

45 ml / 3 polévkové lžíce arašídového oleje (arašídy).

1 stroužek česneku, rozdrcený

5 ml / 1 lžička soli

225 g / 8 oz mleté hovězí maso (mleté).

6 jarních cibulek (cibulky), nakrájených na proužky

1 červená paprika, nakrájená na proužky

1 zelená paprika, nakrájená na proužky

225 g nakrájeného zelí

1 l / 1¾pt / 4¼ šálků hovězího vývaru

30 ml / 2 lžíce švestkové omáčky

30 ml / 2 polévkové lžíce hoisin omáčky

45 ml / 3 lžíce sójové omáčky

2 kusy zázvoru bez stopky, nakrájené

2 vejce

5 ml / 1 lžička sezamového oleje

225 g namočených čirých nudlí

Rozehřejte olej a orestujte česnek a sůl do zlatova. Přidáme maso a rychle opečeme. Přidejte zeleninu a restujte, dokud nebude průhledná. Přidáme vývar, švestkovou omáčku, omáčku hoisin, 30ml/2

lžíce sojové omáčky a zázvoru, přiveďte k varu a vařte 10 minut. Vejce rozšleháme se sezamovým olejem a zbylou sójovou omáčkou. Přidejte polévku s nudlemi a za stálého míchání vařte, dokud se z vajec nevytvoří provázky a nudle nezměknou.

nebeská polévka

Server 4

2 jarní cibulky (jarní cibulky), nakrájené
1 stroužek česneku, rozdrcený
30 ml / 2 lžíce nasekané čerstvé petrželky
5 ml / 1 lžička soli
15 ml / 1 polévková lžíce arašídového oleje (arašíd).
30 ml / 2 lžíce sójové omáčky
1,5 l / 2½ bodu / 6 šálků vody

Smícháme jarní cibulku, česnek, petržel, sůl, olej a sójovou omáčku. Vodu přivedeme k varu, navrch nasypeme pažitkovou směs a necháme 3 minuty odstát.

Polévka s kuřecím masem a bambusovými výhonky

Server 4

2 kuřecí stehna

30 ml / 2 lžíce arašídového oleje.

5 ml / 1 lžička rýžového vína nebo suchého sherry

1,5 l / 2½ bodu / 6 šálků kuřecího vývaru

3 jarní cibulky, nakrájené na plátky

100 g bambusových výhonků nakrájených na kousky

5 ml / 1 lžička nakrájeného kořene zázvoru

Sůl

Kuře vykostíme a maso nakrájíme na kostičky. Rozpálíme olej a kuře opečeme ze všech stran dohněda. Přidejte vývar, jarní cibulku, bambusové výhonky a zázvor, přiveďte k varu a vařte asi 20 minut, dokud kuře nezměkne. Před podáváním dochuťte solí.

Kuřecí a kukuřičná polévka

Server 4

1 l / 1¾ pt / 4¼ šálků kuřecího vývaru
100 g kuřecího masa, mletého
200 g kukuřičné smetany
nakrájíme šunku, nakrájíme
rozbité vejce
15 ml / 1 polévková lžíce rýžového vína nebo suchého sherry

Vývar a kuřecí maso přiveďte k varu, přikryjte a vařte 15 minut. Přidáme kukuřici a šunku, přikryjeme a 5 minut dusíme. Přidejte vejce a sherry za pomalého míchání tyčí, aby se z vajec vytvořily provázky. Odstraňte z ohně, přikryjte a před podáváním nechte 3 minuty odpočinout.

Kuřecí a zázvorová polévka

Server 4

4 sušené čínské houby
1,5 l / 2½ bodu / 6 šálků vody nebo kuřecího vývaru
225 g kuřecího masa, nakrájeného na kostky
10 plátků kořene zázvoru
5 ml / 1 lžička rýžového vína nebo suchého sherry
Sůl

Houby namočte na 30 minut do teplé vody, poté slijte. Vyhoďte stonky. Vodu nebo vývar s ostatními ingrediencemi přiveďte k varu a nechte asi 20 minut vařit, dokud se kuře nepropeče.

Čínská kuřecí polévka s houbami

Server 4

25 g sušených čínských hub
100 g kuřecího masa, nakrájeného
50 g bambusových výhonků, nasekaných
30 ml / 2 lžíce sójové omáčky
30 ml / 2 lžíce rýžového vína nebo suchého sherry
1,2 l / 2 body / 5 šálků kuřecího vývaru

Houby namočte na 30 minut do teplé vody, poté slijte. Odstraňte stonky a odřízněte vršky. Houby, kuřecí maso a bambusové výhonky blanšírujte ve vroucí vodě po dobu 30 sekund, poté sceďte. Dejte je do mísy a smíchejte sójovou omáčku a víno nebo sherry. Nechte 1 hodinu marinovat. Přiveďte vývar k varu, přidejte kuřecí směs a marinádu. Dobře promíchejte a několik minut vařte, dokud není kuře propečené.

Kuřecí polévka a rýže

Server 4

1 l / 1¾ pt / 4¼ šálků kuřecího vývaru

225 g / 8 uncí / 1 šálek vařené dlouhozrnné rýže

100 g vařeného kuřete, nakrájeného na nudličky

1 cibule, nakrájená na kostičky

5 ml / 1 lžička sójové omáčky

Všechny ingredience společně zahřejte, dokud se polévka nevaří.

Kuřecí a kokosová polévka

Server 4

350 g kuřecích prsou

Sůl

10 ml / 2 lžičky kukuřičné mouky (kukuřičný škrob)

30 ml / 2 lžíce arašídového oleje.

1 zelená chilli paprička, nakrájená

1 l / 1¾pt / 4¼ šálků kokosového mléka

5 ml / 1 lžička citronové kůry

12 liči

špetka strouhaného muškátového oříšku

sůl a čerstvě mletý pepř

2 listy meduňky

Kuřecí prsa nakrájíme diagonálně z parmazánu na nudličky. Posypeme solí a zasypeme kukuřičným škrobem. Ve woku rozehřejte 10 ml / 2 lžičky oleje, otočte a nalijte. Opakujte ještě jednou. Zahřejte zbývající olej a opékejte kuře a chilli po dobu 1 minuty. Přidejte kokosové mléko a přiveďte k varu. Přidejte citronovou kůru a na mírném ohni vařte 5 minut. Přidáme liči, dochutíme muškátovým oříškem, solí a pepřem a podáváme ozdobené meduňkou.

Polévka z mušlí

Server 4

2 sušené čínské houby
12 škeblí, namočených a vydrhnutých
1,5 l / 2½ bodu / 6 šálků kuřecího vývaru
50 g bambusových výhonků, nasekaných
50 g cukrového hrachu rozkrojeného na polovinu
2 jarní cibulky (jarní cibulky), nakrájené na kolečka
15 ml / 1 polévková lžíce rýžového vína nebo suchého sherry
špetka čerstvě mletého pepře

Houby namočte na 30 minut do teplé vody, poté slijte. Odstraňte stonky a nakrájejte vrcholy na polovinu. Škeble vařte v páře asi 5 minut, dokud se neotevřou; ty, které zůstanou zavřené, vyhoďte. Odstraňte škeble z jejich skořápek. Vývar přivedeme k varu a přidáme houby, bambusové výhonky, hrášek a jarní cibulku. Vařte odkryté 2 minuty. Přidejte škeble, víno nebo sherry a pepř a vařte, dokud se nezahřeje.

vaječná polévka

Server 4

1,2 l / 2 body / 5 šálků kuřecího vývaru
3 rozšlehaná vejce
45 ml / 3 lžíce sójové omáčky
sůl a čerstvě mletý pepř
4 jarní cibulky, nakrájené na plátky

Přiveďte vývar k varu. Po troškách zašlehejte rozšlehaná vejce, aby se oddělila na vlákna. Přidejte sójovou omáčku a dochuťte solí a pepřem. Podáváme ozdobené pažitkou.

Polévka z kraba a hřebenatky

Server 4

4 sušené čínské houby

15 ml / 1 polévková lžíce arašídového oleje (arašíd).

1 rozšlehané vejce

1,5 l / 2½ bodu / 6 šálků kuřecího vývaru

175 g krabího masa ve vločkách

100 g vyloupaných mušlí, nakrájených na plátky

100 g bambusových výhonků, nakrájených na plátky

2 jarní cibulky (jarní cibulky), nakrájené

1 plátek kořene zázvoru, nasekaný

některé vařené a loupané krevety (volitelné)

45 ml / 3 lžíce kukuřičné mouky (kukuřičný škrob)

90 ml / 6 polévkových lžic vody

30 ml / 2 lžíce rýžového vína nebo suchého sherry

20 ml / 4 lžičky sójové omáčky

2 bílky

Houby namočte na 30 minut do teplé vody, poté slijte. Odstraňte stonky a nakrájejte na tenké plátky. Rozehřejte olej, přidejte vejce a nakloňte pánev tak, aby vejce pokrývalo dno. narůstat přecedíme, otočíme a opečeme z druhé strany. Vyjměte z pánve, srolujte a nakrájejte na tenké proužky.

Přiveďte vývar k varu, přidejte houby, nudličky vajec, krabí maso, mušle, bambusové výhonky, jarní cibulku, zázvor a případně krevety. Přiveďte zpět k varu. Smíchejte kukuřičný škrob s 60 ml / 4 lžícemi vody, vínem nebo sherry a sójovou omáčkou a smíchejte s polévkou. Vařte na mírném ohni za míchání, dokud polévka nezhoustne. Bílky ušleháme se zbylou vodou dotuha a směs pomalu za intenzivního míchání vlijeme do polévky.

krabí polévka

Server 4

90 ml / 6 lžic arašídového oleje.
3 cibule, nakrájené
225 g bílého a hnědého krabího masa
1 plátek kořene zázvoru, nasekaný
1,2 l / 2 body / 5 šálků kuřecího vývaru
150 ml / ¼ pt / sklenice rýžového vína nebo suchého sherry
45 ml / 3 lžíce sójové omáčky
sůl a čerstvě mletý pepř

Rozehřejte olej a orestujte cibuli do měkka, ale ne dohněda. Přidejte krabí maso a zázvor a restujte 5 minut. Přidejte vývar, víno nebo sherry a sójovou omáčku, dochuťte solí a pepřem. Přiveďte k varu a poté 5 minut vařte.

Rybí polévka

Server 4

225 g rybího filé
1 plátek kořene zázvoru, nasekaný
15 ml / 1 polévková lžíce rýžového vína nebo suchého sherry
30 ml / 2 lžíce arašídového oleje.
1,5 l / 2½ bodu / 6 šálků rybího vývaru

Rybu nakrájejte na tenké proužky proti srsti. Smíchejte zázvor, víno nebo sherry a olej, přidejte rybu a jemně promíchejte. Za občasného míchání nechte 30 minut marinovat. Vývar přiveďte k varu, přidejte rybu a nechte 3 minuty provařit.

Rybí a salátová polévka

Server 4

225 g filé z bílé ryby
30 ml / 2 lžíce mouky (univerzální).
sůl a čerstvě mletý pepř
90 ml / 6 lžic arašídového oleje.
6 jarní cibulky (cibulky), nakrájené na plátky
100 g nakrájeného salátu
1,2 l / 2pt / 5 šálků vody
10 ml / 2 lžičky jemně nasekaného kořene zázvoru
150 ml / ¼ pt / ½ štědrého šálku rýžového vína nebo suchého sherry
30 ml / 2 lžíce kukuřičné mouky (kukuřičný škrob)
30 ml / 2 lžíce nasekané čerstvé petrželky
10 ml / 2 lžičky citronové šťávy
30 ml / 2 lžíce sójové omáčky

Rybu nakrájíme na tenké proužky a poté propasírujeme v ochucené mouce. Rozpálíme olej a orestujeme jarní cibulku do měkka. Přidejte salát a restujte 2 minuty. Přidejte rybu a vařte 4 minuty. Přidejte vodu, zázvor a víno nebo sherry, přiveďte k varu, přikryjte a 5 minut vařte. Smíchejte kukuřičný škrob s trochou vody a poté přidejte do polévky. Vařte na mírném ohni za míchání další 4 minuty, dokud polévka nezhoustne

opláchněte a dochuťte solí a pepřem. Podávejte posypané petrželkou, citronovou šťávou a sójovou omáčkou.

Zázvorová polévka s masovými kuličkami

Server 4

5 cm / 2 kusy kořen zázvoru, strouhaný

350 g hnědého cukru

1,5 l / 2½ bodu / 7 šálků vody

225 g / 8 uncí / 2 šálky rýžové mouky

2,5 ml / ½ lžičky soli

60 ml / 4 polévkové lžíce vody

Zázvor, cukr a vodu dejte do hrnce a za stálého míchání přiveďte k varu. Přikryjte a vařte asi 20 minut. Polévku sceďte a vraťte do hrnce.

Mezitím si do mísy dejte mouku se solí a po troškách smíchejte s takovým množstvím vody, aby vzniklo husté těsto. Vytvarujte kuličky a noky nasypte do polévky. Polévku přiveďte zpět k varu, přikryjte a vařte dalších 6 minut, dokud se noky neuvaří.

horká a kyselá polévka

Server 4

8 sušených čínských hub
1 l / 1¾ pt / 4¼ šálků kuřecího vývaru
100 g kuřecího masa, nakrájeného na nudličky
100 g bambusových výhonků nakrájených na proužky
100 g tofu, nakrájené na proužky
15 ml / 1 polévková lžíce sójové omáčky
30 ml / 2 lžíce vinného octa
30 ml / 2 lžíce kukuřičné mouky (kukuřičný škrob)
2 rozšlehaná vejce
pár kapek sezamového oleje

Houby namočte na 30 minut do teplé vody, poté slijte. Odstraňte stonky a nakrájejte klobouky na proužky. Houby, vývar, kuřecí maso, bambusové výhonky a tofu přivedeme k varu, přikryjeme a dusíme 10 minut. Sojovou omáčku, vinný ocet a kukuřičný škrob rozmixujte dohladka, přidejte do polévky a vařte 2 minuty, dokud nebude polévka čirá. Postupně přidávejte vejce a sezamový olej, míchejte tyčí. Před podáváním přikryjte a nechte 2 minuty odstát.

Houbová polévka

Server 4

15 sušených čínských hub

1,5 l / 2½ bodu / 6 šálků kuřecího vývaru

5 ml / 1 lžička soli

Namočte houby na 30 minut do teplé vody a poté sceďte, tekutinu si ponechte. Odstraňte stonky a nakrájejte vrcholy na polovinu, pokud jsou velké, a vložte je do velké žáruvzdorné nádoby. Umístěte nádobu na stojan v parním hrnci. Vývar přiveďte k varu, zalijte houbami, přikryjte a vařte 1 hodinu ve vroucí vodě. Dochutíme solí a podáváme.

Houbová a zelná polévka

Server 4

25 g sušených čínských hub
15 ml / 1 polévková lžíce arašídového oleje (arašíd).
50 g / 2 oz nasekaných čínských listů
15 ml / 1 polévková lžíce rýžového vína nebo suchého sherry
15 ml / 1 polévková lžíce sójové omáčky
1,2 l / 2 body / 5 šálků kuřecího nebo zeleninového vývaru
sůl a čerstvě mletý pepř
5 ml / 1 lžička sezamového oleje

Houby namočte na 30 minut do teplé vody, poté slijte. Odstraňte stonky a odřízněte vršky. Zahřejte olej a žampiony a čínské listy opékejte 2 minuty, dokud nebudou dobře obalené. Zalijte vínem nebo sherry a sójovou omáčkou, poté přidejte vývar. Přiveďte k varu, dochuťte solí a pepřem a 5 minut povařte. Před podáváním potřeme sezamovým olejem.

Houbová vaječná polévka

Server 4

1 l / 1¾ pt / 4¼ šálků kuřecího vývaru
30 ml / 2 lžíce kukuřičné mouky (kukuřičný škrob)
100 g nakrájených žampionů
1 cibuli nakrájenou na drobno
špetka soli
3 kapky sezamového oleje
2,5 ml / ½ lžičky sójové omáčky
1 rozšlehané vejce

Smíchejte trochu vývaru s kukuřičným škrobem a poté smíchejte všechny ingredience kromě vejce. Přiveďte k varu, přikryjte a vařte 5 minut. Za stálého míchání tyčinkou přidejte vejce, aby se z vajíčka vytvořily nitky. Odstraňte z ohně a před podáváním nechte 2 minuty odpočinout.

Houbová a kaštanová polévka s vodou

Server 4

1 l / 1¾ pt / 4¼ šálků zeleninového vývaru nebo vody
2 cibule, nakrájené nadrobno
5 ml / 1 lžička rýžového vína nebo suchého sherry
30 ml / 2 lžíce sójové omáčky
225 g žampionů
100 g vodních kaštanů nakrájených na plátky
100 g bambusových výhonků, nakrájených na plátky
pár kapek sezamového oleje
2 listy salátu, nakrájené na kousky
2 jarní cibulky (cibulky), nakrájené na kousky

Vodu, cibuli, víno nebo sherry a sójovou omáčku přiveďte k varu, přikryjte a vařte 10 minut. Přidáme houby, vodní kaštany a bambusové výhonky, přikryjeme a 5 minut dusíme. Přidejte sezamový olej, listy salátu a jarní cibulku, stáhněte z ohně, přikryjte a před podáváním nechte 1 minutu odstát.

Vepřová a houbová polévka

Server 4

60 ml / 4 polévkové lžíce arašídového oleje (arašídy).
1 stroužek česneku, rozdrcený
2 cibule, nakrájené na plátky
225 g libového vepřového masa, nakrájeného na nudličky
1 řapíkatý celer, nakrájený
50 g nakrájených žampionů
2 mrkve, nakrájené na plátky
1,2 l / 2 body / 5 šálků hovězího vývaru
15 ml / 1 polévková lžíce sójové omáčky
sůl a čerstvě mletý pepř
15 ml / 1 polévková lžíce kukuřičné mouky (kukuřičný škrob)

Rozehřejte olej a opékejte česnek, cibuli a vepřové maso, dokud cibule nezměkne a lehce nezhnědne. Přidejte celer, houby a mrkev, přikryjte a vařte 10 minut. Vývar přiveďte k varu, poté jej přidejte do pánve se sójovou omáčkou a dochuťte solí a pepřem. Smíchejte kukuřičný škrob s trochou vody, poté nalijte do pánve a vařte za stálého míchání asi 5 minut.

Polévka z vepřového masa a řeřichy

Server 4

1,5 l / 2½ bodu / 6 šálků kuřecího vývaru
100 g libového vepřového masa, nakrájeného na nudličky
3 řapíkatý celer, šikmo nakrájený
2 jarní cibulky (jarní cibulky), nakrájené na plátky
1 svazek řeřichy
5 ml / 1 lžička soli

Vývar přiveďte k varu, přidejte vepřové maso a celer, přikryjte a vařte 15 minut. Přidáme jarní cibulku, řeřichu a sůl a necháme odkryté dusit asi 4 minuty.

Vepřová okurková polévka

Server 4

100 g libového vepřového masa, nakrájeného na tenké plátky
5 ml / 1 lžička kukuřičné mouky (kukuřičný škrob)
15 ml / 1 polévková lžíce sójové omáčky
15 ml / 1 polévková lžíce rýžového vína nebo suchého sherry
1 okurka
1,5 l / 2½ bodu / 6 šálků kuřecího vývaru
5 ml / 1 lžička soli

Smíchejte vepřové maso, kukuřičný škrob, sójovou omáčku a víno nebo sherry. Míchejte, aby se vepřové obalilo. Okurku oloupejte a podélně rozpulte, poté odstraňte semínka. Nakrájejte na silné plátky. Vývar přiveďte k varu, přidejte vepřové maso, přikryjte a vařte 10 minut. Přidejte okurku a vařte několik minut, dokud nebude průhledná. Přidejte sůl a přidejte trochu sóji, pokud chcete.

Polévka s masovými kuličkami a nudlemi

Server 4

50 g rýžových nudlí

225 g mletého vepřového masa (mleté).

5 ml / 1 lžička kukuřičné mouky (kukuřičný škrob)

2,5 ml / ½ lžičky soli

30 ml / 2 lžíce vody

1,5 l / 2½ bodu / 6 šálků kuřecího vývaru

1 jarní cibulka (cibulka), nakrájená nadrobno

5 ml / 1 lžička sójové omáčky

Během přípravy masových kuliček namočte nudle do studené vody. Smíchejte vepřové maso, kukuřičný škrob, trochu soli a vody a vytvarujte kuličky o velikosti vlašského ořechu. Hrnec s vodou přivedeme k varu, přidáme vepřové kuličky, přikryjeme a 5 minut dusíme. Dobře sceďte a nudle sceďte. Vývar přivedeme k varu, přidáme vepřové kuličky a nudle, přikryjeme a 5 minut dusíme. Přidáme jarní cibulku, sójovou omáčku a zbývající sůl a dusíme další 2 minuty.

Polévka se špenátem a tofu

Server 4

1,2 l / 2 body / 5 šálků kuřecího vývaru

200 g konzervovaných rajčat, okapaných a nakrájených

225 g tofu nakrájeného na kostičky

225 g špenátu, nakrájeného

30 ml / 2 lžíce sójové omáčky

5 ml / 1 lžička hnědého cukru

sůl a čerstvě mletý pepř

Vývar přiveďte k varu, poté přidejte rajčata, tofu a špenát a jemně promíchejte. Přiveďte k varu a vařte 5 minut. Přidejte sójovou omáčku a cukr a dochuťte solí a pepřem. Před podáváním povařte 1 minutu.

Sladká kukuřice a krabí džus

Server 4

1,2 l / 2 body / 5 šálků kuřecího vývaru

200 g cukrové kukuřice

sůl a čerstvě mletý pepř

1 rozšlehané vejce

200 g krabího masa ve vločkách

3 šalotky, nakrájené

Vývar přiveďte k varu, přidejte kukuřici a dochuťte solí a pepřem. Vařte na mírném ohni 5 minut. Těsně před podáváním rozbijte vejce vidličkou a zamíchejte do polévky. Podávejte posypané krabím masem a nakrájenou šalotkou.

sečuánská polévka

Server 4

4 sušené čínské houby

1,5 l / 2½ bodu / 6 šálků kuřecího vývaru

75 ml / 5 lžic suchého bílého vína

15 ml / 1 polévková lžíce sójové omáčky

2,5 ml / ½ lžičky horké omáčky

30 ml / 2 lžíce kukuřičné mouky (kukuřičný škrob)

60 ml / 4 polévkové lžíce vody

100 g libového vepřového masa, nakrájeného na nudličky

50 g vařené šunky, nakrájené na nudličky

1 červená paprika, nakrájená na proužky

50 g vodních kaštanů nakrájených na plátky

10 ml / 2 lžičky vinného octa

5 ml / 1 lžička sezamového oleje

1 rozšlehané vejce

100 g loupaných krevet

6 jarních cibulek (jarních cibulek), nakrájených

175 g tofu nakrájeného na kostičky

Houby namočte na 30 minut do teplé vody, poté slijte. Odstraňte stonky a odřízněte vršky. Přineste vývar, víno, sóju omáčku a chilli omáčku k varu, přikryjte a vařte 5 minut. Smíchejte kukuřičný škrob s polovinou vody a přidejte do polévky a míchejte do zhoustnutí. Přidejte houby, vepřové maso, šunku, pepř a vodní kaštany a 5 minut vařte. Smíchejte vinný ocet a sezamový olej. Vejce rozšlehejte se zbylou vodou a za intenzivního míchání vlijte do polévky. Přidejte krevety, jarní cibulku a tofu a několik minut vařte, aby se prohřály.

tofu polévka

Server 4

1,5 l / 2½ bodu / 6 šálků kuřecího vývaru
225 g tofu nakrájeného na kostičky
5 ml / 1 lžička soli
5 ml / 1 lžička sójové omáčky

Vývar přiveďte k varu a přidejte tofu, sůl a sójovou omáčku. Vařte několik minut, dokud není tofu teplé.

Ryba a tofu polévka

Server 4

225 g filetů z bílé ryby, nakrájených na proužky

150 ml / ¼ pt / ½ štědrého šálku rýžového vína nebo suchého sherry

10 ml / 2 lžičky jemně nasekaného kořene zázvoru

45 ml / 3 lžíce sójové omáčky

2,5 ml / ½ lžičky soli

60 ml / 4 polévkové lžíce arašídového oleje (arašídy).

2 cibule, nakrájené

100 g nakrájených žampionů

1,2 l / 2 body / 5 šálků kuřecího vývaru

100 g tofu nakrájeného na kostičky

sůl a čerstvě mletý pepř

Vložte rybu do misky. Smíchejte víno nebo sherry, zázvor, sójovou omáčku a sůl a nalijte na rybu. Nechte 30 minut marinovat. Rozpálíme olej a cibuli na něm 2 minuty opékáme. Přidejte houby a dále restujte, dokud cibule nezměkne, ale nezhnědne. Přidejte rybu a marinádu, přiveďte k varu, přikryjte pokličkou a vařte 5 minut. Přilijte vývar, přiveďte k varu, přikryjte a vařte 15 minut. Přidejte tofu a dochuťte solí a pepřem. Vařte, dokud není tofu propečené.

Rajská polévka

Server 4

400 g konzervovaných rajčat, okapaných a nakrájených
1,2 l / 2 body / 5 šálků kuřecího vývaru
1 plátek kořene zázvoru, nasekaný
15 ml / 1 polévková lžíce sójové omáčky
15 ml / 1 polévková lžíce chilli omáčky
10 ml / 2 lžičky cukru

Všechny ingredience dejte do hrnce a za občasného míchání přiveďte k varu. Před podáváním vařte asi 10 minut.

Rajčatová a špenátová polévka

Server 4

1,2 l / 2 body / 5 šálků kuřecího vývaru

225 g konzervovaných sekaných rajčat

225 g tofu nakrájeného na kostičky

225 g špenátu

30 ml / 2 lžíce sójové omáčky

sůl a čerstvě mletý pepř

2,5 ml / ½ lžičky cukru

2,5 ml / ½ lžičky rýžového vína nebo suchého sherry

Vývar přiveďte k varu, přidejte rajčata, tofu a špenát a 2 minuty provařte. Přidejte zbývající ingredience a vařte 2 minuty, poté dobře promíchejte a podávejte.

tuřínová polévka

Server 4

1 l / 1¾ pt / 4¼ šálků kuřecího vývaru
1 velký tuřín, nakrájený na tenké plátky
200 g libového vepřového masa, nakrájeného na tenké plátky
15 ml / 1 polévková lžíce sójové omáčky
60 ml / 4 polévkové lžíce brandy
sůl a čerstvě mletý pepř
4 šalotky, nakrájené nadrobno

Vývar přivedeme k varu, přidáme tuřín a vepřové maso, přikryjeme a dusíme 20 minut, dokud tuřín nezměkne a maso se nepropeče. Smíchejte sójovou omáčku a brandy podle chuti. Vaříme do tepla a podáváme posypané šalotkou.

Polévka

Server 4

6 sušených čínských hub
1 l / 1¾ pt / 4¼ šálků zeleninového vývaru
50 g bambusových výhonků nakrájených na proužky
50 g vodních kaštanů nakrájených na plátky
8 lupínků, nakrájených na plátky
5 ml / 1 lžička sójové omáčky

Houby namočte na 30 minut do teplé vody, poté slijte. Odstraňte stonky a nakrájejte klobouky na proužky. Přidejte je do vývaru s bambusovými výhonky a vodními kaštany a přiveďte k varu, přikryjte a vařte 10 minut. Přidáme sněhový hrášek a sójovou omáčku, přikryjeme a dusíme 2 minuty. Před podáváním nechte 2 minuty odstát.

vegetariánská polévka

Server 4

¼ *zelí*

2 mrkve

3 stonky celeru

2 jarní cibulky (cibulky)

30 ml / 2 lžíce arašídového oleje.

1,5 l / 2½ bodu / 6 šálků vody

15 ml / 1 polévková lžíce sójové omáčky

15 ml / 1 polévková lžíce rýžového vína nebo suchého sherry

5 ml / 1 lžička soli

čerstvě mletý pepř

Zeleninu nakrájejte na nudličky. Rozpálíme olej a zeleninu na něm opékáme 2 minuty, dokud nezačne měknout. Přidejte zbylé ingredience, přiveďte k varu, přikryjte a vařte 15 minut.

řeřicha polévka

Server 4

1 l / 1¾ pt / 4¼ šálků kuřecího vývaru
1 cibule, nakrájená nadrobno
1 list celeru, nakrájený nadrobno
225 g řeřichy nahrubo nasekané
sůl a čerstvě mletý pepř

Vývar, cibuli a celer přiveďte k varu, přikryjte a vařte 15 minut. Přidejte řeřichu, přikryjte a vařte 5 minut. Dochuťte solí a pepřem.

Smažená ryba se zeleninou

Server 4

4 sušené čínské houby
4 celé ryby, očištěné a bez šupin
smažit olej
30 ml / 2 lžíce kukuřičné mouky (kukuřičný škrob)
45 ml / 3 polévkové lžíce arašídového oleje (arašídy).
100 g bambusových výhonků nakrájených na proužky
50 g vodních kaštanů nakrájených na proužky
50 g čínského zelí, nakrájeného
2 plátky kořene zázvoru, nakrájené
30 ml / 2 lžíce rýžového vína nebo suchého sherry
30 ml / 2 lžíce vody
15 ml / 1 polévková lžíce sójové omáčky
5 ml / 1 lžička cukru
120 ml / 4 fl oz / ¬Ω šálek rybího vývaru
sůl a čerstvě mletý pepř
¬Ω hlávka salátu, nastrouhaná
15 ml / 1 polévková lžíce nasekané plocholisté petrželky

Houby namočte na 30 minut do teplé vody, poté slijte. Odstraňte stonky a odřízněte vršky. Doprostřed posypte rybu kukuřičnou mouku a setřeste přebytek. Zahřejte olej a rybu opékejte asi 12 minut, dokud nebude uvařená. Necháme okapat na kuchyňském papíru a uchováme v teple.

Rozehřejte olej a 3 minuty opékejte houby, bambusové výhonky, vodní kaštany a zelí. Přidejte zázvor, víno nebo sherry, 15 ml / 1 polévková lžíce vody, sójovou omáčku a cukr a 1 minutu restujte. Přidáme vývar, osolíme, opepříme, přivedeme k varu, přikryjeme pokličkou a dusíme 3 minuty. Kukuřičný škrob smícháme se zbylou vodou, vlijeme do pánve a za stálého míchání dusíme, dokud omáčka nezhoustne. Salát rozložte na servírovací talíř a na něj položte rybu. Přelijeme zeleninou a omáčkou a podáváme ozdobené petrželkou.

Pečená celá ryba

Server 4

1 velký mořský okoun nebo podobná ryba
45 ml / 3 lžíce kukuřičné mouky (kukuřičný škrob)
45 ml / 3 polévkové lžíce arašídového oleje (arašídy).
1 nakrájená cibule
2 stroužky česneku, mleté
50 g šunky, nakrájené na nudličky
100 g loupaných krevet
15 ml / 1 polévková lžíce sójové omáčky
15 ml / 1 polévková lžíce rýžového vína nebo suchého sherry
5 ml / 1 lžička cukru
5 ml / 1 lžička soli

Rybu zalijte kukuřičným škrobem. Rozpálíme olej a orestujeme cibuli a česnek do zlatova. Přidejte rybu a opečte ji z obou stran dozlatova. Rybu přendejte na alobal v pekáčku a ozdobte šunkou a krevetami. Do pánve přidejte sójovou omáčku, víno nebo sherry, cukr a sůl a dobře promíchejte. Nalijte na rybu, zavřete alobal a pečte v předehřáté troubě na 150¬∞C / 300¬∞F / plyn stupeň 2 po dobu 20 minut.

Dušená sójová ryba

Server 4

1 velký mořský okoun nebo podobná ryba
Sůl
50 g / 2 oz / ¬Ω šálek univerzální mouky.
60 ml / 4 polévkové lžíce arašídového oleje (arašídy).
3 plátky kořene zázvoru, nakrájené
3 jarní cibulky (jarní cibulky), nakrájené
250 ml / 8 fl oz / 1 šálek vody
45 ml / 3 lžíce sójové omáčky
15 ml / 1 polévková lžíce rýžového vína nebo suchého sherry
2,5 ml / ¬Ω lžičky cukru

Rybu očistíme, oloupeme a nakrájíme šikmo z obou stran. Posypte solí a nechte 10 minut působit. Rozpálíme olej a rybu opečeme z obou stran dozlatova, jednou otočíme a během opékání pokapeme olejem. Přidejte zázvor, jarní cibulku, vodu, sójovou omáčku, víno nebo sherry a cukr, přiveďte k varu, přikryjte a vařte 20 minut, dokud se ryba neuvaří. Podávejte teplé nebo studené.

Sójová ryba s ústřicovou omáčkou

Server 4

1 velký mořský okoun nebo podobná ryba
Sůl
60 ml / 4 polévkové lžíce arašídového oleje (arašídy).
3 jarní cibulky (jarní cibulky), nakrájené
2 plátky kořene zázvoru, nakrájené
1 stroužek česneku, rozdrcený
45 ml / 3 lžíce ústřicové omáčky
30 ml / 2 lžíce sójové omáčky
5 ml / 1 lžička cukru
250 ml / 8 fl oz / 1 šálek rybího vývaru

Rybu očistíme, oloupeme a několikrát diagonálně na každé straně šťouchneme. Posypte solí a nechte 10 minut působit. Rozehřejte většinu oleje a rybu opečte z obou stran dozlatova, jednou otočte. Mezitím na samostatné pánvi rozehřejte zbývající olej a orestujte na něm jarní cibulku, zázvor a česnek do zlatova. Přidejte ústřicovou omáčku, sójovou omáčku a cukr a restujte 1 minutu. Přilijeme vývar a přivedeme k varu. Směs vlijeme do rybičky dorado, přivedeme k varu, přikryjeme pokličkou a necháme cca.

15 minut, dokud se ryba nepropeče, během vaření jednou nebo dvakrát otočte.

dušený mořský okoun

Server 4

1 velký mořský okoun nebo podobná ryba
2,25 l / 4 kusy / 10 sklenic vody
3 plátky kořene zázvoru, nakrájené
15 ml / 1 lžička soli
15 ml / 1 polévková lžíce rýžového vína nebo suchého sherry
30 ml / 2 lžíce arašídového oleje.

Rybu očistíme, oloupeme a na obou stranách několikrát diagonálně naříznem. Ve velkém hrnci přiveďte k varu vodu a přidejte ostatní ingredience. Rybu ponořte do vody, pevně přikryjte, vypněte oheň a nechte 30 minut odpočívat, dokud se ryba neuvaří.

Dušená ryba s houbami

Server 4

4 sušené čínské houby
1 velký kapr nebo podobná ryba
Sůl
45 ml / 3 polévkové lžíce arašídového oleje (arašídy).
2 jarní cibulky (jarní cibulky), nakrájené
1 plátek kořene zázvoru, nasekaný
3 stroužky česneku, nasekané
100 g bambusových výhonků nakrájených na proužky
250 ml / 8 fl oz / 1 šálek rybího vývaru
30 ml / 2 lžíce sójové omáčky
15 ml / 1 polévková lžíce rýžového vína nebo suchého sherry
2,5 ml / ¬Ω lžičky cukru

Houby namočte na 30 minut do teplé vody, poté slijte. Odstraňte stonky a odřízněte vršky. Rybu několikrát šikmo nařízněte z obou stran, posypte solí a nechte 10 minut odpočinout. Rozpálíme olej a rybu opečeme z obou stran dozlatova. Přidejte jarní cibulku, zázvor a česnek a restujte 2 minuty. Přidáme ostatní suroviny, přivedeme k varu, přikryjeme

a vařte 15 minut, dokud se ryba nepropeče, jednou nebo dvakrát otočte a občas promíchejte.

sladkokyselé ryby

Server 4

1 velký mořský okoun nebo podobná ryba
1 rozšlehané vejce
50 g kukuřičné mouky (kukuřičný škrob)
smažit olej

Na omáčku:

15 ml / 1 polévková lžíce arašídového oleje (arašíd).
1 zelená paprika, nakrájená na proužky
100 g konzervovaného ananasu v sirupu
1 cibule, nakrájená na kostičky
100 g / 4 oz / ¬Ω šálek hnědého cukru
60 ml / 4 lžíce kuřecího vývaru
60 ml / 4 polévkové lžíce vinného octa
15 ml / 1 polévková lžíce rajčatového protlaku (pasta)
15 ml / 1 polévková lžíce kukuřičné mouky (kukuřičný škrob)
15 ml / 1 polévková lžíce sójové omáčky
3 jarní cibulky (jarní cibulky), nakrájené

Rybu očistěte a pokud chcete, odstraňte ploutve a hlavu. Prolijeme rozšlehaným vejcem a poté kukuřičným škrobem. Rozehřejte olej a rybu opékejte, dokud nebude uvařená. Dobře sceďte a udržujte v teple.

Na omáčku rozehřejte olej a 4 minuty opékejte papriku, scezený ananas a cibuli. Přidejte 30 ml / 2 lžíce ananasového sirupu, cukr, vývar, vinný ocet, rajčatový protlak, kukuřičný škrob a sójovou omáčku a za stálého míchání přiveďte k varu. Vařte na mírném ohni za míchání, dokud omáčka není čirá a nezhoustne. Přelijeme rybu a podáváme posypané jarní cibulkou.

Vepřové plněné ryby

Server 4

1 velký kapr nebo podobná ryba
Sůl
100 g mletého vepřového masa (mleté).
1 jarní cibulka (cibulka), nakrájená
4 plátky kořene zázvoru, nakrájené
15 ml / 1 polévková lžíce kukuřičné mouky (kukuřičný škrob)
60 ml / 4 lžíce sójové omáčky
15 ml / 1 polévková lžíce rýžového vína nebo suchého sherry
5 ml / 1 lžička cukru
75 ml / 5 lžic arašídového oleje.
2 stroužky česneku, mleté
1 cibule, nakrájená
300 ml / ¬Ω pt / 1¬° šálků vody

Rybu očistíme, oloupeme a posypeme solí. Smíchejte vepřové maso, jarní cibulku, trochu zázvoru, kukuřičný škrob, 15 ml / 1 polévková lžíce sójové omáčky, víno nebo sherry a cukr a použijte k naplnění ryby. Rozehřejte olej a rybu opečte z obou stran dozlatova, poté vyjměte z pánve a slijte většinu oleje. Přidejte zbývající česnek a zázvor a restujte do zlatova.

Přidejte zbytek sójové omáčky a vodu, přiveďte k varu a vařte 2 minuty. Vraťte rybu do pánve, přikryjte a vařte asi 30 minut, dokud se ryba nepropeče, jednou nebo dvakrát otočte.

Dušený pikantní kapr

Server 4

1 velký kapr nebo podobná ryba

150 ml / ¬° pt / velký šálek ¬Ω arašídového oleje (arašíd).

15 ml / 1 polévková lžíce cukru

2 stroužky česneku, nakrájené nadrobno

100 g bambusových výhonků, nakrájených na plátky

150 ml / ¬° pt / dobrý ¬Ω šálek rybího vývaru

15 ml / 1 polévková lžíce rýžového vína nebo suchého sherry

15 ml / 1 polévková lžíce sójové omáčky

2 jarní cibulky (jarní cibulky), nakrájené

1 plátek kořene zázvoru, nasekaný

15 ml / 1 polévková lžíce slaného vinného octa

Rybu očistíme a zbavíme šupin a necháme několik hodin máčet ve studené vodě. Sceďte a osušte, poté každou stranu několikrát nařízněte. Rozpálíme olej a rybu z obou stran opečeme dozlatova. Vyjměte z pánve a nalijte a nechte si vše kromě 30 ml/2 polévkové lžíce oleje. Přidejte cukr do pánve a míchejte, dokud neztmavne. Přidejte česnek a bambusové výhonky a dobře promíchejte. Přidejte zbývající ingredience, přiveďte k varu, poté vraťte rybu do pánve, přikryjte a vařte asi 15 minut, dokud se ryba neuvaří.

Rybu uložte do teplé misky a přelijte omáčkou.

www.ingramcontent.com/pod-product-compliance
Lightning Source LLC
Chambersburg PA
CBHW071432080526
44587CB00014B/1818